I0658226

Ils m'ont violée

Du même auteur

- *Pouvoir et espoirs en Afrique. 50 ans d'indépendance, et après ?*, Paris, L'Harmattan, 2012.
- *The Closeness of the God of Our Ancestors: An African Approach to the Incarnation*, Naïrobi, Paulines Publications Africa, 1998.

Masumbuko Mununguri

Ils m'ont violée

Une femme au Kivu

Roman

Collection Nkenda

Editions de l'Erablière

Dépôt légal 2014
Bibliothèque et Archives nationales du Québec
Tous droits de traduction, de reproduction et d'adaptation réservés
pour tous pays
© Editions de l'Erablière, 2013
5-2130 Rue Galt Crescent Montréal, Québec, Canada, H4E 1H6
7-450 51e Rue Ouest Charlesbourg, Québec, Qc, Canada, G1H5C5
http://www.editions-lerabliere.com
ISBN 9782981300416

DÉDICACE

A notre chère maman, Masinda Sanata, que Dieu a rappelée auprès de Lui pour la préserver du spectacle macabre des horreurs des violences faites à la femme,

A notre cher papa, Basoma Mununguri Jean-Paul, qui ne comprend rien de ce qui arrive aux mamans et aux filles de son village et de ses environs,

A toutes les femmes victimes, passées, présentes et futures, des mutilations, des viols et des actes dégradants dans notre pays et ailleurs,

A tous les hommes et femmes de bonne volonté qui se battent pour que cessent ces pratiques ignobles et inhumaines contre nos grands-mères, nos mères, nos épouses, nos tantes, nos sœurs, nos cousines, nos compagnes, nos amies, nos compatriotes ...
Nous dédions ce cri de détresse

REMERCIEMENTS

Qu'il nous soit permis de remercier toutes les personnes qui nous ont encouragé et soutenu dans la conception et la rédaction de ce livre. Seul Dieu pourrait les énumérer sans faute et les récompenser selon sa bonne volonté.

Nous nous risquons cependant d'en citer quelques-unes, à titre illustratif : des confrères maristes de la Province d'Afrique Centre-Est, et plus particulièrement ceux de la République Démocratique du Congo. Un merci tout spécial aux Chers Frères Richard Mutumwa Kamonyo, fms ; Alphonse Gahima, fms ; Joseph Nduwamungu, fms et Jean-Baptiste Tamessuien, fms. Les deux années passées ensemble au Noviciat de Save nous ont aidé à plonger quelques racines profondes dans notre vocation à la vie consacrée mariste. Leur persévérance nous pousse à croire à l'éradication du fléau récurrent que sont les violences sexuelles faites aux femmes dans notre pays.

Un grand merci également à tous les amis et connaissances dont l'amour et la tolérance nous ont permis de commencer et de terminer la rédaction de ces quelques pages tristes sur une histoire accablante et dramatique. Quelques noms nous viennent à l'esprit : Fr. Pascal Shanyungu, fms, Fr. José Bolaboto, op, Stéphane et Bernadette Bateyi, Jean Claude et Jacqueline Kazadi, Clément et Martine Lugaluga, Buyingo alias Bolingo et Mawazo alias Mama Mungwele, Pacôme Balingene et Françoise Muisha Bora, Maman Guilaine, Papa et Maman Christelle, Magloire et Victoria Mpembi, Emery et Rose Yaolema, Déborah et Yvonne Pululu …

Que vous tous, très nombreux mais dont les noms n'ont pas été cités, trouviez ici l'expression de notre profonde gratitude. Cette œuvre est aussi la vôtre. Nous savons que plusieurs parmi vous n'aiment pas que leurs noms figurent dans un livre. Nous avons respecté votre volonté et votre sensibilité. Votre amitié, vos conseils et votre soutien restent pour nous un souvenir indélébile.

Sake, le 25 novembre 2012,
Journée internationale
de lutte contre les violences faites aux femmes,
Masumbuko Mununguri

PRÉSENTATION

Le récit que vous allez lire est un roman qui nous a été inspiré par le drame de nos compatriotes féminines vivant spécialement dans certaines régions de notre pays. Nous nous sommes senti interpelé par les multiples violations des droits les plus fondamentaux de la femme congolaise en général et de la femme des provinces de l'Est de la RDC en particulier.

Les lignes que vous allez lire ne sont pas un reportage journalistique, encore moins un rapport ad hoc sur les violences sexuelles que subissent au quotidien les femmes congolaises, mais un cri de détresse, une sonnette d'alarme. La responsabilité de la société et de ses animateurs est mise à rude épreuve pour mettre fin à ce drame du vingt-unième siècle qui menace terriblement le genre féminin dans notre pays et dans d'autres parties du monde. Les conflits armés interminables offrent un cadre propice aux bandes armées et à leurs maîtres pour commettre les actes les plus dégradants sur les femmes, tous âges confondus.

Derrière le drame de quelques femmes violées, mutilées, sauvagement massacrées dont il est question dans ce roman, se trouve une grand-mère, une mère, une épouse, une tante, une sœur, une compagne, une amie, une fiancée, une compatriote. Le combat de Jeanne Lumoo devrait être celui de tous les hommes et femmes de bonne volonté pour éradiquer ce mal qui ronge et plonge la société congolaise tout entière dans le deuil et l'opprobre.

Ce récit se lit d'un trait, sans interruption. Les chapitres constituent des moments de pause pour souffler un peu. Quand le lecteur aura lu la dernière phrase de ce roman, il prendra la ferme résolution d'emboîter le pas à Mme Jeanne Lumoo pour mettre hors d'état de nuire tous les violeurs et autres criminels qui circulent librement dans nos rues, nos savanes et nos forêts

AVERTISSEMENT

Cette œuvre est de pure fiction. Toute ressemblance avec des personnages ou des lieux existants ou ayant existé ne serait que pure coïncidence.

CHAPITRE I. AU VILLAGE DE NTSULO

En ce temps-là tout allait très bien dans le village de Ntsulo. Les gens allaient et venaient. Les mamans se rendaient très tôt aux champs tandis que les enfants, du moins les plus jeunes, restaient à la maison pour préparer la nourriture pour toute la famille. Les papas, dès le premier chant du coq, se préparaient pour aller remplir leur corvée quotidienne à la plantation de café de Mr Paul Van de Velde. Celui-ci avait une femme, très jolie, très élégante, la quarantaine révolue. Ils étaient dans le coin depuis plus de trente ans. Leurs parents avaient acquis une très grande concession vierge vers les années dix-neuf cent vingt.

A cette époque-là, les colons prenaient tout ce qu'ils pouvaient prendre. L'unique condition était de valoriser le terrain. Les parents de Mr Paul Van de Velde avaient décidé de planter du café. Ils avaient appris des colons nomades qui se promenaient entre le vieux continent et le Congo Belge, que le café s'achetait très bien. Stimulés par l'idée de devenir riches un jour, ils entreprirent les travaux sur leur concession. La superficie était énorme. Ils ne se préoccupaient pas outre mesure d'en connaître le nombre d'hectares. Leur formation scolaire s'était arrêtée très tôt après l'école primaire.

Mr Piet Van de Velde, le père de Mr Paul, avait pris cependant la précaution de se marier avant de se rendre au Congo Belge. Les nouvelles en provenance de ce pays n'étaient pas particulièrement rassurantes. Il semble que les femmes africaines ne donnaient que des enfants noirs et lui n'avait pas envie de consacrer toute sa vie à un enfant qui ne lui ressemblerait pas. Il épousa Mlle Mia de Witt. Le jour de leur mariage, Mr Piet annonça son voyage vers l'inconnu, vers le pays que ses parents ne connaissaient pas encore. Après plusieurs hésitations d'usage, toutes les deux familles convinrent de laisser les jeunes mariés accomplir le rêve de leur vie : aller loin, très loin pour faire fortune. Ils prirent le bateau au port d'Anvers et partirent.

Le voyage dura à peu près un mois. Les deux jeunes époux en profitèrent pour vivre leur lune de miel, dans l'intimité de leur compartiment. Ce fut un voyage de noces inattendu, imprévu et pourtant ce fut une vraie réussite. L'équipage du bateau ne s'empêchait pas de tenter leur chance auprès de cette belle fleur, l'air très innocente et naïve. Les autres passagers se demandaient ce qu'une si belle créature pouvait bien aller faire dans la forêt congolaise en compagnie d'un garçon visiblement inculte et aventurier.

Ils arrivèrent au petit port de Boma, sur le fleuve Congo, le soir d'un certain mercredi 15 avril 1920. A l'époque, il n'y avait pas encore de *kimalumalu*[1]. Ils prirent donc l'unique vieux camion disponible appartenant à un coupeur de noix de palme, jusqu'au port de Matadi. Pendant le trajet, ils firent connaissance du coupeur de noix de palme, à l'accent comme le leur. Ils découvrirent qu'ils étaient tous du même village, au fin fond de la Flandre. A Matadi, c'était plus facile. Ils montèrent à bord d'un train de la première génération des locomotives au Congo Belge à destination de Léopoldville. Ils n'eurent pas de place dans le secteur des blancs. Ils se contentèrent de deux sièges perdus au milieu des noirs chargés de service sur le train.

Léopoldville ressemblait à une grande gare car à leur arrivée, ils ne virent rien d'autre que des wagons pleins de *trucs* de toute sorte. Ils se souvinrent avoir vu les mêmes marchandises au port d'Anvers. Il y avait du bois, du café, du thé, de l'huile de palme, des *mbinzo* qu'ils appellent chez eux chenilles, des pierres bien protégées par des hommes armés de lances et de flèches. A la vue du café, ils se dirent qu'ils ne s'étaient pas trompés, qu'ils étaient sur la bonne piste. Ils passèrent la nuit dans une masure non loin de la gare. Ils n'avaient besoin que d'un toit et de quelque chose à mettre sous la dent. Heureusement pour eux, juste à côté d'eux un de leurs compatriotes tenait un restaurant spécialisé en frites et en poulets. Ils purent ainsi s'en régaler. Ils avaient un peu de moyens reçus en cadeau de mariage.

Le lendemain, ils prirent le bateau pour aller à l'autre bout du Congo Belge. Ils ne craignaient rien car on leur avait raconté que cet immense territoire faisait partie de leur Flandre natale. La seule différence était qu'ici tout le monde ne parlait pas flamand. Au bout de plusieurs jours, ils arrivèrent quelque part et puis ensuite quelque part encore. Leur guide, un indigène, leur disait toujours : *C'est là-bas*, dans une langue qu'ils ne comprenaient pas. Ils suivaient la direction qu'indiquait, de la main, l'indigène.

Un soir, ils arrivèrent à un endroit où il n'y avait qu'une seule maison appartenant à un de leurs compatriotes, Mr Deboeck. Ce dernier n'y était pas, étant parti voir sa famille au pays natal. Ils y passèrent la nuit. Ils avaient hâte d'aller voir leur futur domaine et de commencer le travail afin de faire fortune. Le *capita* de Mr Deboeck les conduisit le lendemain matin, à travers un petit sentier, vers leur

---

[1] Un pick-up, de marque Peugeot, qui servait de transport de personnes et de leurs biens vers les années quatre-vingt, essentiellement à l'ouest de la RDC (République Démocratique du Congo).

acquisition. Une marche d'environ six heures, et voilà une vaste région verdoyante, remplie de gros arbres. Le relief était composé de montagnes, de vallées, de collines, de plateaux. Il y avait un grand nombre de rivières à traverser sur la concession. Il leur appartenait de délimiter celle-ci, dépendant de leur capacité de travail.

Ils se mirent tout de suite au travail. Au bout de cinq ans l'endroit était méconnaissable, le café avait poussé et avait donné sa première récolte. Entretemps, un enfant leur était né, il s'appelait Paul. Celui-ci apprit à lire, à écrire et à calculer auprès de sa mère. Très tôt, il fut initié au travail de la plantation. Cependant, à l'âge de se marier, ses parents lui payèrent un voyage exprès vers la mère-patrie pour y prendre femme. Il revint avec Mlle Paula devenue Mme Paula Van de Velde. Lorsque ses parents prirent la retraite, Mr Paul assura alors la relève.

C'est dans sa plantation que les hommes du village de Ntsulo travaillaient en échange d'un peu d'argent et de champs. Il y avait tout autour de la plantation douze villages. Les enfants naissaient et grandissaient sur place, sans se soucier du lendemain. Mr Paul avait construit une petite école primaire incomplète pour les enfants de tous ces villages. Elle faisait la fierté du coin car c'était parmi eux que le Patron recrutait ses capitas, ses comptables, ses cuisiniers, ses jardiniers, ses chauffeurs, et surtout ses magasiniers.

Ce matin-là était comme tous les autres matins. Maman Mali se rendit au champ, comme d'habitude, aux premières lueurs du jour pour sarcler le champ de manioc et des haricots. La récolte des haricots était prévue pour décembre tandis que le manioc ne serait prêt qu'après deux récoltes de haricots. Lorsque le soleil était à mi-chemin entre l'aurore et le zénith, Maman Mali fut prise de malaise. Elle était seule. Les voisines se trouvaient un peu plus, à un jet de pierre. Elle fit semblant de ne rien sentir. Mais le mal se fit lancinant, persistant et profond. Elle se mit à se tordre de douleurs sans savoir exactement ce qu'il fallait faire. Et pourtant, ce n'était pas la première fois que cela lui arrivait. En effet, son premier fils, elle l'avait mis au monde dans le même champ et à peu près à la même période, dix ans plus tôt. Le fils s'appelait Tulihale.

Elle prit patience en se disant que l'exploit allait se reproduire. Par précaution, elle ôta son premier pagne, celui du dessus et l'étendit sur le sol sous un vieux ficus. Cet arbre se trouvait à l'extrémité sud du champ et représentait tout un passé. Les anciens de la famille racontaient que c'était sous cet arbre que reposait le grand-père paternel de Tulihale. La coutume voulait que sur la tombe d'un père de famille on plante un ficus qui est un arbre résistant au temps et donne beaucoup d'ombre. C'était d'ailleurs de l'écorce de cet arbre que les ancêtres de Tulihale se vêtaient. C'est donc sous cet arbre que Maman Mali s'étendit sur son pagne en attente de l'inconnu. Elle était tout de même inquiète car ne sachant pas ce qui allait se passer. Elle ne cessait de répéter le nom de sa grand-mère et de son grand-père, leur demandant de venir vite à son secours en ce moment précis où elle allait leur donner un autre *arrière-petit-enfant*.

Beaucoup d'idées trottinaient dans sa tête, très en feu. Les pires scénarios se précipitaient dans son imagination. Et si elle mourrait, qui s'occuperait de ses trois enfants ? Et si l'enfant ne venait pas, comment arriver à la maison ? Mais elle se disait aussi qu'à l'heure de rentrer, si on ne la voyait pas, son mari irait à sa recherche après son travail à la plantation. Sa seule consolation était qu'au milieu de la journée, quand le soleil serait au-dessus de sa tête, son fils Tulihale lui apporterait quelque chose à manger et à boire. Il se rendrait alors compte que sa maman souffrait et appellerait les voisines de l'autre côté de la bananeraie. Il appellerait sûrement la sage-femme dont la case ne se trouvait pas très loin du chemin des champs.

Maman Kalema, la sage-femme, était très connue pour ses talents dans le domaine de l'obstétrique. Elle le faisait depuis plus de quatre-vingts récoltes de haricots. Le village était peuplé de femmes et des hommes qu'elle avait vu naître, mieux, qui étaient nés entre ses mains expertes. On lui vouait un respect presque divin, tellement elle était dévouée, généreuse et toujours disponible. Dès qu'on l'appelait au secours ou qu'elle apprenait qu'une femme du village et même des villages voisins était en travail d'enfantement, elle laissait tout et accourait auprès de la parturiente. La nature ne l'avait pas épargnée de terribles conséquences de la poliomyélite. En effet, elle boitait terriblement de la jambe droite et s'appuyait sur une canne en compensation de celle-ci pour marcher. Et pourtant ce handicap, d'une origine inconnue à l'époque, ne l'empêchait pas d'arriver toujours à temps au *lieu de travail*. Son mari, aussi vieux qu'elle, ne quittait jamais la case et ses environs, cloué qu'il était par l'éléphantiasis doublé des rhumatismes dégénératifs.

Tous deux vivaient de la solidarité du village. Ils ne manquaient pratiquement de rien. Certains les aidaient par reconnaissance des bienfaits de la sage-femme ; d'autres le faisaient par devoir. Tous pourtant étaient animés par l'amour pour ce vieux couple très exemplaire dans le village. Le vin de banane ne manquait jamais dans la calebasse de *Bwa*[2] Sefu, le mari de Maman Kalema. Ses journées étaient ainsi agrémentées par ce liquide qui lui faisait en outre oublier ses tourments de santé. Il en offrait, avec plaisir, à ses visiteurs d'un certain âge. Maman Kalema était très souvent gênée par l'odeur exhalée par son mari après avoir tiré, des centaines de fois, la boisson ancestrale, à l'aide de son chalumeau qui ne quittait jamais la calebasse.

Maman Kalema avait toujours de la viande boucanée dans une vieille cruche. De retour de ses nombreuses interventions obstétriques, elle se mettait à faire la cuisine pour son cher vieux mari et pour quelques visiteurs qui s'offraient le plaisir fou de savourer les mets préparés par la vieille dans de vieux pots en terre cuite. Leur saveur était incomparable.

Tulihale, comme à l'accoutumée, prépara la nourriture pour sa maman et la lui apporta au champ. C'était du poisson fumé assaisonné aux graines de courge, qu'on appelle là-bas *mundau*. Il prit soin de mettre un peu de jus de banane dans une petite calebasse d'environ deux litres. A l'approche du champ, il appela comme toujours :
- *Mâma ! Mâma.*
Et la maman répondait :
- *Yeee !,* qui signifie *Oui.*
Les jours se suivent mais ne se ressemblent pas. Tulihale expérimenta la véracité de ce proverbe. Il appela plusieurs fois sans réponse. Pris de panique, il crut un moment que sa maman était déjà rentrée au village par un autre chemin. Ce qui était contraire à ses habitudes. La maman l'entendait mais n'avait plus la force de répondre, épuisée par les efforts que le *travail* sollicitait d'elle, pourtant déjà fatiguée par le sarclage du champ. Dans un sursaut d'orgueil et de respect des coutumes, elle rassembla toutes ses énergies pour crier à son fils :
- N'approche pas d'ici. Va plutôt appeler les voisines qui sont dans leurs champs de l'autre côté. Fais vite.
- Qu'y a-t-il Maman ? Que se passe-t-il ?
Il n'y eut pas de réponse. C'est alors que Tulihale comprit que quelque chose de très grave se passait. Il savait que sa mère attendait famille, mais il ne pouvait pas s'imaginer que ces choses-là arrivaient n'importe quand et surtout n'importe où. Il avait toujours vu de l'agitation des femmes dans la bananeraie derrière les cases du village :

---

[2] *Bwa* est la forme abrégée de *Bwana*, en swahili, qui signifie *Monsieur*. Le mot swahili est doublé de respect et de considération à l'égard de la personne qu'on désigne sous ce mot.

ces agitations engendraient des enfants le jour comme la nuit. Mais au champ, tout de même, jamais vu, jamais entendu. Il déposa son colis et courut en toute hâte en criant :

- Maman Sindani, Maman Sindani …
- Qu'y a-t-il mon fils ? Viens vite ici !
- C'est maman qui … qui … qui …

Le message était clair, très clair. Pas besoin de faire un croquis. Maman Sindani et Maman Lufonzina[3] abandonnèrent tout et se dirigèrent vers le champ de Maman Mali. Quel spectacle ! Elle gisait par terre, dans une mare de sang. Elle n'arrivait plus à parler. Elle était très épuisée. Entretemps, Tulihale était allé alerter le village, pas tout le village bien sûr. Il s'était dirigé tout droit vers la case de Maman Kalema, l'obstétricienne. A la vue du jeune homme, ahuri et haletant, elle comprit qu'il fallait se dépêcher d'autant plus qu'elle savait que Maman Mali était à terme. Elle se leva, prit sa canne et quelques linges et se dirigea vers le champ en traversant la bananeraie. Ceux qui la virent filer à toute allure, se dirent qu'il devait y avoir un cas de détresse aux champs.

Tulihale alla prévenir son père à la plantation. En le voyant, presqu'en pleurs, le papa comprit qu'il y avait une situation qui nécessitait sa présence à la maison. Il demanda vite l'autorisation au capita qui la lui accorda sans problème. En peu de temps tout le village était en ébullition. Le suspens était très long. Les femmes ne rentraient toujours pas et les hommes ne pouvaient pas s'y rendre pour voir ce qui s'y passait. Une messagère vint en catastrophe annoncer à Papa Mburashi,[4] le mari de Maman Mali, que sa femme venait d'avoir une jolie fille grâce au savoir-faire et à la foi de Maman Kalema. N'eût été son intervention c'était la mort et de la mère et de l'enfant. Quel soulagement ! Quelle joie !

- Mburashi, Mburashi, Ma[5] Tulihale vient d'avoir une jolie fille. Félicitations, lui dit la messagère.
- Est-ce vrai ?, demanda Papa Mburashi.
- Très vrai. Une très jolie fille.
- Et Ma Tulihale, comment va-t-elle ?
- Elle va bien. Elle est très faible. Mais tout ira bien.
- Où sont-elles ?

---

[3] C'est comme ça qu'à Ntsulo on prononce le prénom *Alphonsine*.
[4] C'est une déformation locale du prénom *Ambroise*.
[5] C'est la forme abrégée de *Mama* ou *Maman*. Dans leur culture, les parents sont désignés par le nom de leur premier enfant. Donc *Ma* Tulihale signifie la maman de Tulihale.

- Elles sont encore au champ avec Ma Kalema.
- Tu es sûre que tout va très bien ?
- Aussi sûre que le soleil se lèvera demain.
- Je vais y aller.
- Non.
- Et pourquoi ?
- Parce que tu es un homme.
- Mais c'est ma femme, pourtant.
- Oui, mais elle n'est pas seule. Et puis il n'y a pas de quoi s'inquiéter car tout va bien.
- D'accord. Je les attends ici au village.

En attendant que les mamans rentrent de la *maternité,* Papa Mburashi et son fils préparèrent la maison principale et l'annexe servant de cuisine. Car il allait falloir accueillir la nouvelle-née avec le rituel traditionnel. Tout le village s'apprêta : on apporta des présents chez les Mburashi. Qui de la farine de manioc, qui une poule, qui de la bière de sorgho, du vin de banane, des pommes de terre, du linge, du bois de chauffage … L'accouchée doit manger quelque chose de léger, de bon, de chaud pour *fabriquer* du lait en vue de l'allaitement du bébé. La coutume voulait qu'une chèvre fût sacrifiée pour marquer une nouvelle naissance. Des chèvres, il y en avait dans chaque famille. Mburashi appela son fils pour lui tracer le programme des festivités.

- Tulihale !
- Présent, papa.
- Viens vite. Va chercher le bouc qui est né l'année dernière. Il est attaché derrière la maison avec les autres chèvres.
- Oui, papa.
- Appelle ton ami Matata pour t'aider à l'égorger. Il faut faire vite car les mamans ne vont plus tarder à venir.
- Oui, papa.

En de telles circonstances, les jeunes obéissent très facilement. Aussitôt dit, aussitôt fait. Les cris de la bête désemparée attirèrent tous les petits curieux du village. Ils s'attroupèrent autour des deux bouchers d'occasion. Les mamans, quant à elles, s'affairaient pour nettoyer les pots en terre cuite et les assiettes. Des chants venant de loin vinrent rompre le suspens. Le bébé était là, accompagné de toutes les mamans qui étaient accourues pour aider Maman Mali. La fête commença et dura toute la nuit. C'était la coutume. Dans ce village, les gens vivaient au rythme des événements. Les décès, les naissances, les mariages, les prémices, les pactes de sang étaient célébrés par tous, quel que soit le jour de la semaine. Tout s'arrêtait pour laisser place à la joie collective qui se manifestait par des chants, des danses, des repas abondants et variés, des boissons, essentiellement le vin de banane, la bière de sorgho, l'alcool distillé localement, appelé *kasusu* ou *cinq cents* ou encore *cycle court*[6]. Il y avait aussi le *mandrakwa*[7]. Toutes ces boissons contenaient de l'alcool au taux inconnu. La force de chacune se manifestait par les effets visibles observés chez les consommateurs.

Un véritable esprit communautaire régnait entre les villageois. La fête dans une famille était la fête de tout le monde. Même les passants y étaient associés. La tristesse d'un seul était partagée par tout le village. Les conflits, inévitables entre les humains, étaient réglés par les *sages du village* au cours des audiences publiques sous l'arbre à palabre. Le coupable payait une amende fixée par le tribunal composé de sages du village. Il lui était en même temps exigé de demander pardon à son frère ou à sa sœur qu'il avait offensé. Les différends entre les familles se réglaient de la même façon. Il était très agréable de vivre. Les villageois allaient et venaient sans peur de se faire attaquer ou tuer. La sécurité était assurée par tous contre d'éventuels envahisseurs. Et quand la vache ou la chèvre de quelqu'un était volée, tous les hommes se lançaient à sa recherche partout. Le mot communauté avait réellement un sens.

---

[6] C'est une boisson obtenue en distillant des céréales (plus souvent le maïs) ou le vin de banane. Son pourcentage d'alcool est inconnu, mais il est certainement au-delà de 50%. On l'appelle *cycle court* car ses amateurs s'enivrent très vite avec une petite quantité et à moindres frais, par analogie aux cycles courts professionnels organisés dans l'enseignement secondaire en RDC. Ici, le *cycle long* dure six ans alors que le *cycle court* professionnel dure variablement trois, quatre ou cinq ans, selon la filière. Les noms varient d'une région à l'autre : *kindingi, tchors, kene, gbako, lotoko, sese, mangwende, machozi ya simba, kapita mbele* (issu du distillé du 1er distillé) ... Les pouvoirs publics, depuis l'époque coloniale, n'ont jamais réussi à lutter efficacement et durablement contre cette boisson qui est un véritable fléau pour la santé humaine. C'est un suicide à plusieurs étapes. Une des raisons de cet échec, c'est la pauvreté des populations mais aussi le manque de substitut plus sain et plus accessible aux gens ordinaires jusque dans les coins les plus reculés du pays. Les commerçants libanais et autres indiens ont lancé sur le marché une boisson en sachets qui ne diffère du *cycle court* que par l'emballage. Elle a déjà fait plusieurs victimes. Les mesures de répression prises par le pouvoir public contre cette boisson, appelée à Kinshasa *supu na tolo,* peinent à produire ses effets à cause de la corruption des agents chargés de leur application. C'est une terrible menace, à grande échelle, pour la santé publique et le développement du pays.

[7] C'est une boisson obtenue à partir du maïs et introduite dans la région par des familles nande venues du nord de Ngoma.

Ce soir-là, la fête se prolongea jusqu'aux petites heures du matin pour les plus résistants. Certains villageois ne demandaient pas mieux, car c'était l'occasion de parler de la vie dans le village. Les commérages et les mauvaises langues s'invitaient très souvent à de telles occasions. Mais que voulez-vous ? Les hommes sont ce qu'ils sont. Il faut bien parler de quelque chose. Les plus forts allèrent se coucher un peu avant le premier chant du coq.

CHAPITRE II. SON NOM SERA LUMOO

Maman Mali se reposait de tout son labeur de toute une journée de dure épreuve et d'inquiétude. Le bébé semblait également fatigué. On pouvait le lire sur la lourdeur de ses paupières candidement fermées. Papa Mburashi était aux anges. Il était très content. Il avait une fille qui ferait sa fierté dans le village. Tout à coup, il se mit à penser au nom qu'il lui donnerait au quatrième jour de sa présence sur terre. En effet, la coutume voulait que quatre jours après la naissance, une cérémonie fût organisée pour faire *sortir l'enfant de la maison* et lui donner un nom. Cette cérémonie revêtait une grande importance, car l'enfant cessait d'être un inconnu, un intrus, un *survenu,* un quelconque être né on ne sait comment. Il devenait un membre de la famille, du village et de la société. Il serait désormais connu sous le nom que ses parents et les autres membres du village lui donneraient.

Plusieurs noms se présentèrent à l'imagination de Papa Mburashi. De son côté, Maman Mali avait aussi sa liste de noms probables. Selon leur culture, le nom devait signifier quelque chose selon les circonstances et les événements qui avaient entouré la naissance de l'enfant. Parfois le nom était inspiré par une situation particulière dans la famille. C'est ainsi que chaque enfant avait son nom personnel lié à sa naissance et lui traçant parfois tout un programme, une destinée. La transmission automatique du nom du père à tous les enfants, était une pratique encore inconnue dans ce village. Les Missionnaires d'Afrique ou Pères Blancs qui avaient apporté la Bonne Nouvelle de Jésus-Christ de Nazareth dans la contrée, n'avaient pas réussi à l'imposer. Les habitants du village Ntsulo tenaient à ne pas coller le nom de quelqu'un à un autre alors qu'ils étaient nés à des moments et en des circonstances très différents et parfois en opposition. Le Père Louis Van Dingenen avait même menacé d'excommunier tout fidèle qui refuserait de porter le nom de son père. Pour lui faire plaisir, certaines personnes converties à la religion du père Louis, portaient une double identité, celle de la carte de baptême et celle du village. Cette dernière était la vraie et la première était stratégique. Il fallait éviter d'entrer en guerre ouverte contre le représentant de Dieu sur terre.

Le quatrième jour vint enfin et il fallut tout préparer pour recevoir tous les enfants du village qui viendraient attribuer un nom à la nouvelle-née de la famille Mburashi. A cette occasion, on leur servirait de la nourriture sur un grand van : des haricots, des patates douces, des pommes de terre, des bananes, des petits pois, de la viande ... Le tout mélangé. La nouvelle-née devait *voir* le soleil pour la première fois depuis sa naissance.

Vers les premières heures du matin, tout le décor était planté. Et la cérémonie commença. Une longue discussion s'engagea entre les enfants, les adultes et les parents de Tulihale autour du nom qu'il fallait donner au bébé. Chacun voulait que sa proposition fût retenue en l'accompagnant de beaucoup d'explications. Une panoplie de noms s'entrechoqua dans les esprits et sur la cour de la famille Mburashi. Lequel retenir finalement car tous évoquaient les circonstances particulières dans lesquelles cette enfant était née : les douleurs de l'enfantement qui avaient duré toute une journée ; le champ de manioc ; la récolte des haricots ; le mariage, deux jours plutôt, du petit frère de Papa Mburashi ; la mort inopinée de Papa Mupfumu, le devin du village, quatre jours auparavant ; le pacte de sang prévu le soir du jour-même de la naissance du bébé entre Tulihale et le fils de Papa Muhesi, le forgeron du village. Bref ces événements, heureux et moins heureux, concomitants à la naissance du bébé ne facilitaient pas les choses. Un grand dilemme pour la famille Mburashi mais également pour tout le village.

Que serait donc cette enfant qui mobilisait toutes les énergies du village pour recevoir un nom ! Les plus sages prédisaient qu'elle était prédestinée à quelque chose de jamais vu, de jamais vécu dans le village. D'autres disaient qu'elle ne vivrait pas longtemps car les ancêtres s'étaient disputés au sujet de sa naissance, certains ne voulant pas la laisser naître et d'autres désirant la faire naître plus tard. Maman Kalema coupa court à toutes les discussions et brisa le tabou du silence des femmes en public :

- Cette fille s'appellera Lumoo[8], puisqu'elle a ramené la joie dans le village après la mort de Papa Mupfumu et puisqu'elle est née au milieu d'un champ florissant duquel nous mangeons les haricots aujourd'hui. En plus, n'oubliez pas qu'il y a quelques jours nous avons célébré un mariage dans cette famille. Le pacte de sang prévu le jour de sa naissance a été retardé.

Maman Kalema continua à multiplier les raisons pour lesquelles il fallait que l'enfant s'appelât Lumoo. Tout le monde l'écoutait très attentivement par respect mais également par curiosité. Elle était assise sur une natte, selon la coutume, à l'entrée de la case, à côté de Maman

---

[8] *Lumoo* ou *Lumogho* (prononcez *Lumowo*) signifie *joie*. Le mot est en kihunde, une des langues parlées à l'Est de la RDC.

Mali. Plusieurs participants présents à la cérémonie crurent que c'était probablement le choix de la mère de l'enfant. Personne n'osa contredire la sage-femme, admirée de tous. D'ailleurs, presque tous ceux qui étaient là étaient nés entre ses mains, à l'exception de certains de leurs parents. Seul le Chef du village prit son courage à deux mains, non pas pour proposer autre chose, mais pour demander l'avis de l'assistance et de Papa Mburashi.

- Nous avons tous suivi avec grand intérêt les propos de Maman Kalema, dit, le Chef. Ils sont pleins de sagesse et de bon sens. En effet, les quelques événements malheureux que nous avons connus ces derniers jours ne doivent pas obscurcir la joie qui nous anime tous en ce moment. Moi-même je soutiens la proposition de Maman Kalema. L'enfant s'appellera Lumoo.
    - Jamais de la vie, osa répliquer un jeune qui n'avait pas encore fini d'avaler sa dernière bouchée de haricots aux patates douces. Elle s'appellera Tabu.
    - Pourquoi ?, riposta un autre jeune.
    - Parce qu'elle est née en plein deuil dans le village et parce qu'aussi sa maman a souffert toute seule au champ.
    - Ma fille ne s'appellera pas Tabu, dit le père.

La foule grommela d'un seul chœur. Certains approuvaient le père tandis que d'autres le désapprouvaient. La discussion recommença dans une sorte de désordre communautaire et fraternel. Les gens discutaient en apartés pour arriver à un consensus. Maman Kalema, elle, s'était tue et observait les uns et les autres, sûre que sa proposition était la meilleure et qu'elle s'imposerait à tous. Le plus courageux des jeunes, le trop bouillant Hamisi, se leva et demanda la parole au modérateur d'occasion. Le connaissant, tout le monde se dit qu'il allait tout chambouler.

- Notre jeune sœur s'appellera Furaha[9], dit-il.
- Elle s'appellera Lumoo, martela le Chef du village.
- Non, elle s'appellera Furaha, reprit Hamisi.
- Notre culture ne nous autorise pas à emprunter des noms.
- Et pourtant je m'appelle Hamisi. C'est un nom d'emprunt.
- Ton vrai nom n'est pas Hamisi mais Bulondo.
- Je m'appelle Hamisi, un point c'est tout.
- Tu t'appelles Bulondo. Et si tu continues à discuter, tu vas payer une amende et tu seras exclu de cette assemblée.

La discussion se transforma en conflit entre les tenants de la tradition du village et les jeunes. Ces derniers penchaient presque tous

---

[9] Mot swahili qui signifie *joie*. Il a donc la même signification que *Lumoo*.

pour le nom swahili proche de la langue qu'ils parlaient, très mal d'ailleurs. Les autres tenaient à garder la tradition en donnant des noms dans la langue du village. Il se forma spontanément deux camps. Et ce n'était pas les arguments qui manquaient de part et d'autre ! Jusque-là Papa Mburashi, sa femme et leur fils Tulihale se tenaient en dehors de la discussion. Ils ne s'étaient d'ailleurs pas consultés.

Tulihale trouvait que la discussion était sans objet car Maman Kalema avait déjà donné le nom qui, à son avis, était le seul valablement significatif. Papa Mburashi ne comprenait pas pourquoi tant de passions autour du nom de sa chère fille. Il aurait préféré être seul à la *nommer*. Maman Mali savourait ces instants avec réserve. Elle était très contente que le fruit de ses entrailles attirât tant de monde et soulevât tant de désaccord dès sa naissance. Que serait-elle alors lorsque sa poitrine changerait de forme et de dimensions ?, se demandait-elle intérieurement. Elle ne s'empêchait pas de jeter un coup d'œil sur ce petit bijou, couché là, inconscient et étranger à toutes les spéculations autour d'elle.

Maman Mali voyait déjà tous les jeunes du village et des environs rivaliser de zèle autour d'elle pour avoir ses *faveurs* lorsqu'elle se rendrait compte qu'elle était déjà une *femme*. Les jeunes tourneraient autour d'elle pour guetter son moindre sourire, le moindre geste à leur égard. Ils l'attendraient sur le chemin de la rivière pour lui parler en secret. Des prétendants, des soupirants se présenteraient dans la famille pour poser leur candidature. Plusieurs parmi eux seraient disqualifiés par surenchère et d'autres par plaisir. Mais un jour, un finirait par avoir les grâces de cette jeune jolie fille pas comme les autres. Toutes ces pensées se superposaient dans la tête de Maman Mali. Elle oublia même que des gens étaient là en train de discuter sur le nom à donner à cette même fillette. Maman Kalema la sortit de ses rêves. Les jeunes et les vieux du village ne s'étaient toujours pas mis d'accord sur le nom.

Subitement, Papa Mburashi sortit de son mutisme inhabituel et déclara péremptoirement :

- Notre fille s'appellera Lumoo, ainsi en ont décidé les anciens du village. Vous l'appellerez tous Lumoo à dater de ce jour. J'ai dit et je vous remercie.
- Ainsi soit-il, ajouta le Chef du village.
- Elle s'appellera Lumoo, reprirent toutes les femmes présentes, tout en émettant des cris de joie et d'approbation.
- Nous l'appellerons Furaha, rétorqua Bulondo alias Hamisi.
- Lumoo et Furaha signifient la même chose, précisa le Chef du village.
- C'est pourquoi nous préférons Furaha, ajouta Bulondo.

-     Gardez le nom que vous voulez, mais pour nous et la famille, c'est Lumoo.

Quelqu'un qui passait par là fut attiré par les clameurs et les applaudissements. Il était du village de Kimoka et se rendait à Muunga pour rendre visite à son cousin qui était cuisinier au Petit Séminaire de Buheno. Il se dirigea vers le village et fut accueilli chaleureusement, comme d'habitude. On lui offrit du vin de banane et une bonne assiettée de haricots aux bananes. Il ne demandait pas mieux car il se sentait un peu fatigué après avoir traversé le parc, en plein soleil.

A cette époque-là, le mot insécurité était connu seulement de ceux qui lisaient les livres et les journaux en provenance d'ailleurs. Les paysans circulaient de jour comme de nuit et avaient uniquement peur de bêtes sauvages. Après avoir avalé quelques gorgées de vin de banane et englouti une dizaine de bouchées de nourriture, il poussa un ouf de soulagement et de satisfaction. Ses hôtes le regardaient avec attention et étonnement. Il donnait l'impression de quelqu'un qui n'avait plus mangé depuis plusieurs heures, des jours peut-être. Il mangeait sans parler, sauf par les mouvements de la tête pour dire oui ou non. Pendant ce temps, les jeunes étaient toujours surchauffés, mécontents de n'avoir pas été entendus par leurs aînés. Lorsque le visiteur était sûr qu'il avait assez d'énergie pour parler, il posa alors la question à celui qui le servait :

-     Qu'y a-t-il ici ?
-     C'est la cérémonie d'attribution de nom à une petite fille qui est née dans la famille Mburashi.
-     Mburashi, le père de Tulihale et le frère du mari de la fille de ma tente maternelle ?
-     C'est bien ça
-     Et quel est le problème ?
-     Il n'y a pas de problème.
-     Et pourquoi tant de bruit ?
-     Quelques désaccords à propos du nom.
-     Quel nom ?
-     Etes-vous sourd ou quoi ? Mais le nom de la petite fille !
-     Toutes mes excuses, jeune homme. J'étais un peu distrait. Cela m'arrive très souvent après le repas, surtout si j'ai pris un peu de *kasiksi*[10].
-     Vous feriez mieux de faire attention pour ne pas dépasser la dose normale.

---

[10] C'est le nom que les habitants du coin donnent au vin de banane. Cependant, certains prononcent *kasikisi.*

- Je n'ai pris que quelques gorgées, mon fils !
- Vous avez vidé la moitié de la calebasse !
- Je m'en fous. D'ailleurs quel est ton problème ? Ce n'est pas toi qui me l'as donnée. C'est ma belle-famille ici.
- Papa, le *kasiksi* et la raison ne vont pas ensemble.
- Tu m'insultes !
- Je vous dis la vérité.
- Pendant qu'on y est, avez-vous déjà trouvé le nom pour la petite fille ?

Cette dernière question rappela au jeune homme qu'il s'était écarté de l'objet de sa présence chez les Mburashi. Il se ressaisit et demanda au visiteur s'il pouvait l'accompagner pour lui montrer un raccourci vers Muunga. Le visiteur manifesta une certaine lassitude à partir. Le *kasiksi* avait rallumé en lui les élans traditionnels de solidarité. Il était devenu plus gai qu'auparavant et parlait plus facilement. Il voulut participer à la cérémonie de *nomination* du bébé. Mais comment apparaître devant la foule, lui le beau-fils ? Bien que sous les effets du vin, il n'avait pas perdu la coutume. Il tenait tout de même à marquer sa présence et surtout à féliciter Mburashi. Il inventa une histoire pour lui permettre de s'approcher de lui et de sa femme. Il se dit qu'il fallait absolument dire qu'il venait rendre visite à sa cousine, mariée quelques jours auparavant au petit frère de Mburashi. Ce motif lui permettrait de se faufiler dans la masse et de participer à la fête. Il prit son courage à deux mains et s'avança vers Mburashi qui le reconnut sans peine.
- Bonjour Papa Mburashi, dit-il.
- Bonjour Monsieur … euh…
- Kapitula.
- Ah oui ! Tu viens de Kimoka, n'est-ce pas ?
- Cent pour cent de Kimoka. Et je vous apporte les salutations de votre belle-famille.
- Comment vont-ils ?
- Ils vont tous très bien. Sauf que la récolte de maïs traîne un peu.
- Votre cousine et son mari ne sont plus ici. Ils sont partis pour Ngoma où travaille mon petit frère.
- Dieu soit loué.
- Pourquoi ?
- Non, pour rien. Je suis très chrétien et quand je suis content, je loue spontanément le Dieu Tout-Puissant.
- J'irai leur rendre visite demain matin.
- Ça tombe bien car moi aussi je suis en route pour Ngoma. On pourrait faire route ensemble.

28

-   Mais vous, vous êtes déjà en route !
-   Je peux vous attendre ici jusqu'à demain.
-   C'est parfait. Là où il y a de la place pour deux, il y en a pour trois. Vous êtes chez vous.

Kapitula fit semblant d'oublier sa destination. Son cousin Kizungu l'attendait pourtant le soir pour discuter d'une affaire très importante pour la famille. Le fils cadet de Kizungu avait brusquement disparu de la maison, sans rien dire. Des nouvelles peu fiables rapportaient qu'il avait rejoint le camp d'entraînement des Mayi-mayi à Nyabyondo, au-delà de Masisi. Beaucoup de gens de la région n'avaient jamais entendu parler de ce mouvement guerrier ésotérique. Toute la famille était très embêtée, car ce jeune homme était fiancé à une très belle fille du village de Bunagana, dans le territoire de Rutshuru. La cérémonie de mariage était prévue avant la fête du nouvel an. La dot, constituée d'une vache et d'un taureau, était déjà versée. Toutes les formalités coutumières étaient accomplies. Le Curé de la Paroisse de Jomba, l'Abbé Epaphrodite Nzapfakumunsi, avait commencé les instructions préliminaires pour préparer Mademoiselle Cunégonde Twajino.

Mr l'Abbé Epaphrodite, un homme droit comme une aiguille, avait horreur des improvisations et des tâtonnements. Il mettait beaucoup de soin à la préparation de ses ouailles aux sacrements. S'agissant du sacrement de mariage, il tenait à s'assurer personnellement que les époux étaient correctement instruits sur l'enseignement de l'Eglise et les dispositions liturgiques de la célébration de ce sacrement, fondement de la famille chrétienne. Soit dit en passant, il ne montait jamais à la *chaire de vérité* sans avoir préparé soigneusement son sermon, surtout les dimanches et les jours de fête obligatoires. Ces principes, et d'autres, il les avait appris au cours de sa formation au très célèbre Grand Séminaire de Mutesa, sur la route de Katana, à quelques kilomètres de Bukavu. Il avait entre autres comme modèle son ancien curé de la Paroisse de Mweso, le Père Lazare Van Puy. Au Grand Séminaire, il appréciait particulièrement le style du Père Jan Vermersch et de l'Abbé Tite Kulimushi.

De son côté, Kibiriti, le fiancé de Mademoiselle Cunégonde Twajino, avait commencé la catéchèse matrimoniale à la Paroisse de Bubandana d'abord et ensuite à celle de Saki, après l'érection canonique de cette dernière. Le curé de la Paroisse de Saki, un homme très calme et aussi simple qu'une colombe, recevait Kibiriti chaque samedi après-midi. Cet exercice dura trois semaines. Un matin, le catéchiste vint dire à l'Abbé Hilaire Kambale que Kibiriti était introuvable et que probablement il s'était rendu au camp d'entraînement des Mayi-mayi, à Nyabyondo. L'Abbé Hilaire fut très déçu et contacta immédiatement son confrère de Jomba pour adopter une attitude commune. Contactée par les deux curés, la famille de Kibiriti confirma les faits et exprima en même temps ses regrets. Le mariage fut donc reporté *sine die* en attendant que Kibiriti soit de retour. Mademoiselle Cunégonde en fut très attristée et contrariée parce qu'elle l'aimait réellement. Son âge avançait inexorablement et l'attente risquait d'être longue. A un certain âge, les filles comptent jusqu'aux minutes le temps qui leur reste avant de devenir *inutiles*, selon les africains.

C'est de cette affaire que Kizungu devait discuter avec son cousin Kapitula. Et voici que ce dernier, *colonisé* par le *kasiksi* de Papa Mburashi, décida de passer la nuit à Ntsulo qui n'est pourtant pas loin de Muunga. C'est la colline voisine. A quelque chose malheur est bon, dit-on. En sautant d'un sujet à l'autre, car ne sachant pas par où commencer, Kapitula finit par s'enquérir de la situation autour du nom de la petite fille. Mburashi lui raconta tout ce qui s'était passé depuis les petites heures de la matinée jusqu'à cette heure-là, très avancée de l'après-midi. Kapitula acquiesçait par un mouvement de la tête et parfois par de petits cris de désapprobation. Au fur et à mesure que les effets du *kasiksi* s'évanouissaient, il devenait de plus en plus attentif.

- Vous voyez, beau-frère, je me trouve dans un dilemme, dit Papa Mburashi.
- C'est pourtant très simple.
- Intéressant !
- Oui. C'est vous le père de la petite fille ?
- Quelle question ?
- Alors, c'est à vous de décider. Laissez les autres s'agiter inutilement.
- Je ne peux pas. Dans notre village les choses ne se passent pas comme ça.
- Mais, c'est votre fille !
- C'est l'enfant de tout le monde.
- D'accord mais, comme il y a désaccord, décidez.
- Que me conseillez-vous ?
- Ecoutez, vous prenez les deux noms qui émergent.
- Et puis ?
- La fille s'appellera Lumoo Furaha.
- Mais c'est la même chose !
- Qu'est-ce que ça fait ? De toutes les façons, les gens ne s'en rendront pas compte.
- Etes-vous sûr ?

- Il n'y a que ceux qui ont l'esprit tordu, les curieux, les fouineurs, qui le constateront mais ce sera déjà trop tard.
- Vous n'êtes pas riche mais vous avez des idées !
- Le Dieu de nos Ancêtres est très juste.
- Que voulez-vous dire par-là ?
- Il ne donne pas tout, mais il ne refuse pas tout pas non plus à ses enfants.
- C'est génial. Je n'avais pas pensé à ça. Merci beau-frère.
- Les jeunes vont l'appeler Furaha mais vous et les anciens du village vous l'appellerez Lumoo.
- Ce sont les ancêtres qui vous ont envoyé ici.
- J'ai fait un peu de philosophie à l'Ecole Normale St Charles Lwanga, de Bubandana, à la belle époque du Frère Albert Van Laere, appelé communément Frère Henri, Kacheche pour les intimes, le compositeur des *Zaburi*.[11] Alors la pensée, ça me connaît !
- Vous avez, à coup sûr, séché l'école avant le chapitre sur l'humilité, jadis la grande caractéristique du Frère Henri et de ses confrères d'alors.
- Dans ma famille on est humble de père en fils.
- Si tel est le cas, vous devriez faire des recherches pour retrouver votre père.

Et c'est à ce moment précis que Kapitula se rendit compte qu'il devait continuer son voyage vers Muunga. Il prit précipitamment congé de son hôte, piqué par les paroles incises de Papa Mburashi. Ce dernier, par contre, se trouva soulagé par cette conversation quelque peu inhabituelle. Il fallait à présent couper court à toutes les discussions qui se poursuivaient dehors, sur le même sujet. Le *kasiksi* et le *musururu*[12] avaient fini par endormir certains, tandis que pour d'autres, plus ils en prenaient plus leurs langues se déliaient. Le Chef du village était le seul qui pouvait encore se tenir debout sans saluer tous les passants imaginaires. Mais dans ce village, ces scènes d'évasion collective n'étaient pas rares. Les habitants en avaient les occasions, les moyens et surtout il y avait la paix et la fraternité.

Surchauffés par l'alcool, quelques disciples, maladroits, de Muhamed Ali et de George Foreman, montraient leurs biceps décharnés, érodés par l'âge et surtout par le *cycle court*. Mais les délinquants, furent très vite maîtrisés et enfermés dans une case près de l'étable des chèvres. Papa Mburashi se pencha respectueusement vers le Chef du village pour *demander la parole*. Dans la région, on ne

---

[11] Ce mot swahili signifie *psaume*(s).
[12] C'est comme ça qu'on appelle la bière de sorgho dans la région.

parle pas en désordre. On doit être autorisé par le modérateur de séance. Le Chef du village lança la formule habituelle pour demander le silence :

- *Tusingye Kalinda,*

Et toute l'assemblée, moins les femmes et les enfants mâles non encore initiés, répondit à l'unisson:

- *Eeeee.*
- *Na mwira wa mundu.*
- *Eeeee.*
- *Na bitakurwa by'e bunyungu.*
- *Eeeee[13].*
- Papa Mburashi va parler, écoutons-le.

Papa Mburashi prit toutes les précautions pour ne pas être long car il savait que les gens n'étaient plus dans des dispositions favorables aux discours, vu le nombre de calebasses qui gisaient par terre dans la paillotte où étaient assis les hommes. Tout le monde prêta l'oreille, à l'exception d'un dernier venu qui cherchait à rattraper le retard de l'estomac, car lui était allé à Bulenga, de l'autre côté du Lac, pour surveiller sa marchandise en provenance de Kisenyi, au Rwanda.

---

[13] Ce dialogue rituel en kihunde, la langue du village de Ntsulo, se traduit à peu près comme suit :

- *Louons Kalinda.*
- *Oui* (d'accord).
- *Louons aussi l'amitié entre les hommes.*
- *Oui.*
- *Louons également le foyer* (les trois pierres entre lesquelles on fait le feu et sur lesquelles on dépose la marmite en terre cuite remplie d'aliments à faire cuire).
- *Oui.*

Kalinda est le nom dynastique de la Chefferie des Bahunde dans le Territoire de Masisi, au Nord Kivu, à l'Est de la RDC. Pour les populations de ce coin, ces trois éléments-piliers sont très importants et sont inséparables dans la vie collective et individuelle : 1. Le Roi (Mwami) qui représente la terre et tous ses fruits (l'habitat, la nourriture, le bétail, la prospérité), l'ordre (le gouvernement, la justice, la sécurité, la paix) et la tradition (les ancêtres, les coutumes). 2. L'amitié cristallisée par le pacte de sang et les mariages interclaniques, la fraternité entre tous les hommes même les inconnus. 3. Le foyer : un ménage stable avec femme(s) et enfant(s). Une maison d'où on ne voit jamais sortir de la fumée par le toit, on ne la fréquente pas car cela veut dire qu'il n'y a pas de femme et donc pas de foyer. Ce symbolisme de foyer montre aussi qu'il y a à manger car pendant la famine, il n'y a rien à faire cuire.

Après le rituel traditionnel, Papa Mburashi, pris d'émotion et de fierté, déclara sans détours :

- Notre fille s'appellera Lumoo Furaha. Je vous remercie tous pour votre amour et votre présence ici. S'il y a encore à boire, qu'on vous en serve. Vous êtes chez vous.

L'assemblée fut prise de court. Les femmes, à partir de l'intérieur de la maison, lancèrent des cris de joie et d'approbation sans trop chercher à comprendre la raison de la juxtaposition de ces deux noms. Elles firent confiance, une fois de plus à la *gent* masculine. De toutes les façons on ne leur avait pas demandé leur avis. Elles se réjouirent du dénouement heureux du dilemme. Les hommes, quant à eux, se regardèrent avec stupéfaction mais personne n'osa objecter. L'atmosphère était très lourde. Il valait mieux se taire et ruminer ses pensées plutôt que de s'exposer au ridicule. Le Chef du village, malgré sa sagesse, était complètement dépassé. Il avait la bouche ouverte et caressait, avec une nervosité très visible, sa longue barbe bicolore. Il demanda qu'on lui serve encore un peu de vin pour mouiller sa gorge que la salive n'arrivait plus arroser. Après avoir englouti tout un gobelet de *kasiksi*, il toussota un peu pour annoncer sa prise de parole. Tout le monde était accroché à ses lèvres. Les quelques jeunes gens qui avaient résisté aux dommages collatéraux du vin, n'avaient cependant pas assez de force physique pour protester vigoureusement. Ils regardaient le Chef du village, et Papa Mburashi, avec des yeux à moitié fermés. Ils comprenaient peut-être ce qui se passait mais la coordination entre leur esprit et leur corps était profondément perturbée.

Après la formule classique de demande de silence, le Chef du village fit l'éloge de Papa Mburashi au grand étonnement de l'assemblée :

- Papa Mburashi est un homme très sage. Il vient de nous sauver d'une situation qui nous avait tous défiés. En effet, depuis le matin, nous n'arrivions pas à nous mettre d'accord sur le nom à donner à la dernière-née du village. Depuis que je suis né dans ce village et depuis que je suis sorti de la forêt initiatique, c'est la toute première fois qu'une telle impasse se produit dans ce grand village. J'ai interrogé les aînés ici présents et ils ont confirmé la même chose. Ainsi notre fille s'appellera Lumoo Furaha. Cette décision contentera tout le monde. Elle préservera la paix sociale dans le village. Longue vie à vous tous !

Le Chef avait parlé et son petit discours clôtura le débat même s'il ne l'avait pas expressément dit. Et pourtant intérieurement, les villageois se demandaient bien ce que serait cette enfant si exceptionnelle, si aimée, si providentielle. Les hommes se mirent à secouer discrètement les calebasses qui roulaient par terre pour être sûrs qu'aucune goutte du liquide multiséculaire ne nécessitait leur intervention. L'un ou l'autre siphonnait à tout souffle la lie du fond de la calebasse en laissant entendre un bruit qui annonçait aux sceptiques qu'il n'y avait plus rien. La cruche, au milieu de la paillotte, contenait certainement encore quelques gouttes, se disaient certains. Le moins âgé de l'assemblée l'inclina pour en verser le contenu dans une écuelle qu'il passa au vieux Kakomire. Celui-ci la vida d'un seul coup en clairon.

Le vieux Kakomire était le plus âgé de tout le village. Il avait vu tout le monde naître à l'époque où les éléphants, les antilopes et les gazelles constituaient la principale source d'approvisionnement en protéines animales. Il avait vu arriver le premier homme blanc dans la région. D'après les estimations et le recoupement des événements qu'il racontait dans les moindres détails, on lui donnait facilement cent dix ans. Tout le monde le respectait et le vénérait presque. Il était très fier de raconter ses exploits aux moins vieux que lui. Il ne se souvenait pas avoir bu de l'eau au cours de sa très longue vie sur cette terre des hommes. La soif, disait-il, ne peut pas être étanchée par l'eau mais par le *kasiksi*, fruit de la terre et du travail de l'homme.

Si l'eau suffisait pour satisfaire ce besoin, pourquoi les ancêtres auraient-ils inventé ce breuvage ?, ne cessait-il de répéter. Et lorsqu'il lui arrivait d'avoir soif, au cours de ses rares voyages pour aller rendre visite à ses frères et amis de Bweranama, au sud-ouest de Ngoma, il descendait dans la rivière Ngoleko, venant des montagnes de Lushangi et de Kyandao, juste à l'endroit où elle se jette dans le Lac Kivu, sur la route Ngoma-Bubandana, à quelques centaines de mètres du marché de Saki. Il restait debout dans la rivière pendant quelques instants et sa soif disparaissait comme par osmose, à travers ses pieds nus. C'est donc lui qui vida la cruche avant de dire au revoir à Papa Mburashi et à Maman Mali. Il était déjà tard dans la nuit. En se levant de sa chaise, appuyé sur sa canne de *munzenze*[14], ses os craquèrent non seulement à cause de l'âge mais surtout à cause des rhumatismes dont il souffrait depuis plusieurs années. Il disait que ses os étaient fatigués de vivre et de marcher. Il se traîna tout doucement vers sa case où l'attendait son épouse, moins vieille que lui de quelques années. Elle ne quittait presque plus sa cour à cause de sa maladie chronique qu'on appelle là-bas *lukere*. Ce serait sa dernière grossesse qui aurait disparu comme ça

---

[14] Un arbuste très solide, caractéristique du Parc National des Birunga (Virunga). C'est de là que la Prison Centrale de Ngoma tire son nom : Prison Munzenze.

dans le ventre. A intervalles réguliers, elle était obligée de garder son lit pendant des jours. Elle disait souvent à sa maladie chronique : « Tu me fais souffrir mais je ne te laisserai pas vivante sur terre. Quand je mourrai je t'emporterai avec moi. »

C'est ainsi qu'elle avait suivi de loin les événements autour de la naissance de Lumoo Furaha.

CHAPITRE III. LA MERE ET SA FILLE

Maman Mali mit beaucoup de soin pour élever sa fille unique qui était aussi son quatrième enfant. Elle ne vivait et ne respirait que pour elle. Elle avait beaucoup de projets sur elle et ne supportait pas que quelqu'un lui fît du mal. Elle grandissait très vite et bientôt elle dépassa, en taille, les autres enfants nés à la même période qu'elle. Tout le village en était étonné et se posait tant de questions sur l'avenir de cette fille, pas comme les autres. Quelques sentiments de jalousie ne manquaient pas dans le chef de certaines mères du village qui ne réussissaient pas à donner les mêmes soins et la même éducation à leurs filles. Papa Mali ramenait du travail quelques bonbons et autres petits cadeaux reçus de la cantine de la plantation, le *siku ya posho*[15]. Le magasinier était un de ses meilleurs amis. Il ne manquait jamais de glisser quelque chose de plus dans le colis de Papa Mburashi en ajoutant :

- C'est pour notre fille. Elle doit bien grandir. Il faut bien la soigner. Elle a de l'avenir et elle fera notre honneur très bientôt.
- Merci Papa Busanga. Que nos ancêtres te bénissent ainsi que toute ta famille.
- Ils nous ont déjà tous bénis en nous donnant la vie, des enfants et des amis.
- Salutations à Mama Muhambikwa et à tous les enfants.
- On se revoit demain à la cérémonie de dot, chez notre ami Tungandame.

---

[15] *Siku ya posho,* en swahili, signifie tout simplement *samedi.* C'était le jour où les colons de la région gratifiaient leurs travailleurs avec des vivres et autres produits de première nécessité : riz, sel, savon, sucre, huile de palme ou d'arachides, pétrole lampant, poissons salés … Les travailleurs étaient convaincus que ces produits étaient gratuits et les appelaient *posho,* qui veut dire *ration alimentaire.* La semaine de travail était tendue vers le *siku ya posho.* En réalité, le coût de ces articles était déduit du salaire mensuel du travailleur. C'était une stratégie pour contenter ce dernier et le conditionner afin qu'il ne soit pas tenté de quitter la plantation ou la ferme. Aujourd'hui la pratique a peut-être disparu avec les *nouveaux colons*, mais on continue à utiliser l'expression pour dire samedi.

- Merci pour le rappel, car j'avais complètement perdu de vue ce rendez-vous.
- Comment peux-tu oublier un si grand événement, Mburashi ?
- J'ai beaucoup de soucis ces jours-ci. Il y a le petit Tulihale qui doit aller passer son initiation la semaine prochaine. Mon neveu qui étudie à l'Université du Graben a besoin d'argent pour payer son enrôlement au jury de fin de cycle en Médecine. Sans parler de la rentrée scolaire prochaine pour mes trois fils.
- C'est qui déjà qui épouse la fille de Papa Tungandame ?
- C'est le fils de Papa Clément ?
- Quel Clément ?
- De Kyandao, le frère de Papa Wabo.
- Ah oui ! Je me souviens maintenant.

Ainsi se passait la vie dans les villages. Les gens se mariaient et *faisaient* des enfants. Ceux-ci à leur tour se mariaient. Et la vie continuait. L'amour n'avait pas de frontières. On pouvait traverser plusieurs rivières à la recherche de l'être de rêves. Le seul obstacle qui pouvait empêcher le mariage était les liens de sang, même lointains. Lorsqu'il y avait un conflit, de quelle que nature que ce soit, entre deux familles, deux clans ou deux villages, on devait d'abord le résoudre par les mécanismes conventionnels avant d'engager les jeunes dans la vie commune. En plus, c'était les parents qui choisissaient la fiancée pour leur fils. Cette pratique a duré des années. Progressivement, les fils et les filles étaient associés à la démarche. Et à l'époque où Lumoo naquit, les parents approuvaient le choix de leurs enfants. Cette approbation constituait une bénédiction pour le futur couple.

Lumoo grandissait très vite à la satisfaction de ses parents et de tout le monde. Elle était à présent capable d'accompagner sa mère au champ. Pendant que sa mère était occupée à semer les haricots, elle sillonnait les bosquets des alentours à la recherche du bois de chauffage. Elle en profitait pour visiter les endroits réputés *producteurs* de champignons dont raffolaient son père et ses trois frères. Elle se rendait de plus en plus compte qu'elle était différente de ses frères. Maman Mali éprouvait une certaine fierté, tout à fait légitime, quand de loin elle apercevait sa fille très affairée comme si elle avait une famille à nourrir. De temps en temps elle l'appelait :
- Lumoo !

- *Kalame*[16] !, répondait-elle avec une de ces voix que n'entendent que ceux qui ont le privilège de rencontrer les anges.
- Que fais-tu là ?
- Je ramasse du bois mort pour la cuisine.
- Quelle cuisine ?
- La nôtre, celle de la maison.
- Attention aux serpents !
- Oui maman. Ils ne mordent que ceux qui les dérangent.
- On va bientôt rentrer. Il se fait tard. Je dois encore aller chercher de l'eau.
- J'ai ramassé aussi de gros champignons.
- C'est bien ma fille. Ton père et tes frères seront contents.
- Et vous, maman, êtes-vous contente ?
- Assez parlé, reviens vite. On part.
- S'il vous plaît Maman, pourriez-vous m'aider à transporter le bois ?

Lorsque Maman Mali conversait avec sa fille unique, on aurait cru que c'était deux grandes personnes, tellement elles s'entendaient, se complétaient. La mère disait qu'elle voyait en elle une femme et non une petite fille. C'est pourquoi elle la laissait prendre des initiatives qui la préparaient progressivement à l'âge adulte et à ses fonctions de mère de famille. Les deux étaient inséparables. Lumoo apprenait beaucoup de sa mère et des amies de sa mère. Un véritable réseau d'apprentissage se tissait autour d'elle. Très tôt elle fut capable de piler le manioc sec et de remplir facilement un panier de farine moyennement grand pour préparer la pâte, aliment de base de toute la région autour du Lac Kivu. Elle allait puiser de l'eau à la rivière et en profitait pour prendre son bain avec les autres filles du village.

Bien qu'ayant tout ce dont elle avait besoin, elle faisait tout pour ne pas choquer ses compagnes par l'ostentation de ses habits, visibles et invisibles. Elle voulait faire comme tout le monde. Elle se baignait en tenue d'Eve et se livrait aux jeux de jet d'eau avec les autres. Lorsque ses compagnes attrapaient un type d'insecte[17] auquel on attribuait des vertus spéciales pour le développement rapide des seins, elle s'y livrait aussi. En effet, la gent féminine de tous les villages du coin recherchait cet insecte, vivant généralement au bord des rivières. L'ayant capturé,

---

[16] Formule de politesse, très répandue dans la région, par laquelle on répond à un appel venant d'un aîné ou d'une autorité. Elle signifie : *Que tu aies la paix ; que tu vives longtemps.*
[17] Cet insecte s'appelle *ndamba lwinchi*. Littéralement ce nom signifie l'insecte qui va et vient sur la rivière. Il se promène sur l'eau de rivière.

très difficilement d'ailleurs, elles le frottaient sur leur poitrine à l'endroit d'où pointait déjà une certaine déformation naturelle avec la conviction, empirique, que très vite des *choses* en forme de petits champignons allaient y pousser. Lumoo le faisait aussi avec la même ardeur, la même naïveté et le même espoir. Et pourtant, Dieu seul sait si toutes ces croyances étaient fondées.

A cette époque-là des femmes venues de Ngoma, séjournaient régulièrement dans le village de Ntsulo auprès de leurs parents. Elles rapportaient des cadeaux de toute sorte pour eux et leurs proches. Leur mode d'habillement ne manquait pas de choquer les bonnes consciences du village. Certaines portaient des pantalons qui dessinaient toute la géographie de leur corps surtout là où il y a des reliefs irréguliers. D'autres enfilaient des mini-jupes qui allaient jusqu'où les jambes changent de nom. Les décolletés remplaçaient les blouses de jadis. Ils étaient très prisés surtout par celles pour qui la nature avait été très généreuse en leur ajoutant un poids supplémentaire, porté avec joie et fierté. Les coiffures n'étaient rien d'autre que des poils d'animaux inconnus ou alors des poils synthétiques venant d'on ne sait où. Les souliers fabriqués pour les maisons au pavement cimenté et aux routes asphaltées, s'enfonçaient entièrement dans la terre molle et la poussière. Tout ça parce que le Chef de l'Etat d'alors avait dit qu'il prenait congé de son très cher parti politique. Les gens avaient alors compris que désormais tout était permis, que la pudeur et la gêne avaient été emportées par le temps en même temps que le Parti-Etat.

N'empêche que ces femmes représentaient une certaine classe de parvenus. Les vieux du village se rendirent alors compte qu'il n'était pas inutile de scolariser les filles. Papa Mburashi et Maman Mali décidèrent d'envoyer Lumoo à l'école primaire du village. Elle devait avoir sept ans. Ses trois frères avaient étudié dans la même école primaire avant d'aller poursuivre leurs études à l'Institut de Saki pour Tulihale, l'aîné, à l'Institut Mwanga de Ngoma pour le deuxième tandis que le troisième avait préféré aller faire le Petit Séminaire Saint Joseph de Buheno d'abord et de Jomba ensuite. Les frais scolaires constituaient un vrai casse-tête pour la famille Mburashi. Leurs petites économies, réalisées sur les ventes des produits agricoles ne suffisaient plus pour couvrir tous les besoins de ces quatre enfants. Heureusement que le petit bétail prospérait grâce au savoir-faire de Mburashi et au dévouement du troisième garçon qu'on appelait très affectueusement Kilofasi[18] par gratitude à l'égard d'un grand ami de Mburashi portant

---

[18] C'est une déformation locale du prénom *Cléophas*.

le même nom. Il n'aimait pas particulièrement cette appellation, car elle sonnait un peu vieillot pour lui. Mais il n'y pouvait rien. A l'école il se faisait appeler Kiki, question de consonance et de mode.

Au début de chaque année scolaire, surtout avant que les deux élèves de Ngoma et de Jomba ne partent, Papa Mburashi et Maman Mali réunissaient leurs quatre enfants. Ils le faisaient très souvent après le repas du soir toujours constitué de pâte de manioc accompagnée tantôt de *sombe*[19] à la viande boucanée, tantôt de *lengalenga*[20] aux *ndagala*[21] ou encore de bœuf frais surtout le jour de marché de Saki. Ils s'asseyaient tous autour du feu. Maman Mali lançait une prière spontanée pour demander l'intercession du Très-Haut et mettre leur rencontre sous la protection de la Très Sainte Vierge Marie et la mouvance de l'Esprit Saint. Maman Mali était une fervente fidèle de la Paroisse de Saki qu'elle fréquentait très régulièrement malgré la distance. Elle ne s'absentait jamais de la séance de prière charismatique de mardi après-midi. Elle était d'ailleurs la responsable de la cellule des intercesseurs, appelée *chumba cha maombi*[22]. Ce soir-là, avant de commencer la prière, elle demanda une attitude de prière et puis articula pieusement :

Au nom du Père, et du Fils et du Saint Esprit,
(Tous) : *Amen.*
Seigneur Dieu qui a créé le ciel et la terre,
Toi qui nous as donné les champs et les rivières,
Tu nous as comblés de tant de biens,
Car tout ce que nous avons vient de toi : l'amour, les enfants, le bétail, les amis, la vie, la santé ...
Tout, absolument tout, vient de ta bonté.
Tu nous as tout donné gratuitement.
Que ton Nom soit loué.
(Et toute la famille répondait à chaque pause: *Amen, Alléluia, Oui Seigneur c'est toi*).

---

[19] C'est un mot swahili pour désigner les feuilles de manioc consommées comme légumes verts, presque partout en RDC. A l'Ouest du pays ce légume s'appelle *mpondu* ou *pondu* ou encore *sakasaka,* selon le milieu.
[20] *Lengalenga* est un légume vert semblable aux amarantes mais dont les feuilles sont plus petites. Il est l'équivalent de ce qu'on appelle à l'Ouest de la RDC, *bitekuteku*.
[21] *Ndagala, ndagara, ndakala,* est une espèce de fretin, très mince, qu'on trouve particulièrement dans le Lac Tanganyika. Il est consommé dans toute la région des Grands Lacs. Actuellement, on en trouve même sur le marché à Kinshasa.
[22] Expression swahili qui signifie *salle de prière*.

Sans toi cette famille n'est rien,
Sans ta miséricorde et ton amour, nous ne pouvons rien.
Tu nous donnes chaque jour les forces nécessaires pour vivre,
Tu nous accompagnes dans toutes nos activités.
Tu protèges Papa et Maman,
Tu protèges Tulihale, Kandu, Kilofasi et Lumoo.
Sois loué, sois glorifié.
(Et pendant ce temps chacun fredonnait une prière jaculatoire, à la manière des charismatiques).
Seigneur Dieu des armées,
Seigneur Dieu de nos Ancêtres,
Seigneur des vivants et des morts,
Nous mettons entre tes mains notre rencontre de ce soir.
Viens au secours de ta famille ici rassemblée.
Dispose nos cœurs à écouter,
Donne-nous de partager dans la franchise tout ce que nous pensons.
Que tout ce que nous allons dire ici soit pour ta plus grande gloire.
Sainte Vierge Marie, mère des tout-petits et des pauvres,
Consolatrice des mal-aimés, des abandonnés, des oubliés,
Notre Dame du bon conseil,
Nous te confions nos joies et nos peines.
Et vous, nos parents et grands-parents défunts,
Intercédez pour nous auprès de Dieu, Père, Fils et Esprit Saint.
Nous avons ainsi prié.
Au nom du Père, et du Fils et du Saint Esprit.
(Tous) : *Alléluia, Amen.*

Malgré la longueur de la prière, personne ne s'ennuyait. On avait plaisir à entendre Maman Mali prier. Elle était comme en contact direct avec le Surnaturel. Sa prière était plus que des formules, c'était l'expression de sa foi profonde en Dieu et en l'intercession de ses ancêtres dans la foi. Elle disait souvent que si la prière ne transformait pas la vie du priant, il valait mieux ne pas déranger Dieu. Elle s'efforçait d'éduquer ses enfants dans la même foi. Quant à Mburashi, il était plutôt un chrétien moyen, de la race de ceux qu'on appelle *chrétiens de dimanche,* qui ne vont à la messe que le dimanche et les jours de fête obligatoires comme Noël et Pâques. Non pas que Papa Mburashi manquait de ferveur mais plutôt par contrainte. Il devait en effet travailler à la plantation de Mr Paul, du lundi au samedi, depuis les premières heures du jour jusqu'à la nuit tombante. Son poste de surveillant général ne lui permettait pas de s'absenter, sauf en cas de maladie.

Que les enfants n'aillent pas à la messe le dimanche sans aucune raison grave, préalablement appréciée par Maman Mali, c'était une faute très lourde qui méritait la foudre. Elle tonnait, jurait dans toutes les langues connues et inconnues, monologuait pendant des heures. Elle faisait des va-et-vient çà et là sans aucun motif apparent. Elle menaçait le récalcitrant de privations de nourriture et d'autres faveurs. Incapable de faire plus que de se plaindre, elle entrait dans un mutisme prolongé et ne répondait aux salutations et autres sollicitations que par des gestes et des sons inaudibles du genre : *Hmmm ! Eeee ! Ishshssh !*

Ce soir-là donc, après la prière, Papa Mburashi ouvrit la causerie morale familiale. Son talent de grand parleur était connu de tout le village et de ses collègues de service. On l'avait surnommé RFI[23], une radio qualifiée de périphérique par le pouvoir central d'alors pour des raisons vaguement expliquées au peuple par le *ministre-tam-tam* du régime. Cette station de radiodiffusion était captée dans les villages de l'arrière-pays par les ondes courtes par manque d'antenne-relais FM, fréquence modulée. Papa Mburashi se promenait toujours et partout avec son poste récepteur Sony, à quatre piles-crayon, *Made in Japan* qu'il avait reçu en cadeau de son neveu qui travaillait comme gynéco-traumatologue à l'Hôpital Missionnaire de Nyankunde, dans la Province Orientale. Il avait fait de brillantes études de médecine à l'Université du Graben à l'époque de la naissance de Lumoo. Papa Mburashi s'arrangeait pour avoir toujours des piles.

Lorsqu'il prit la parole, Tulihale et Lumoo se regardèrent avec un petit sourire malin comme pour dire : *nous en avons jusqu'à demain matin.* Ils réfrénèrent leur rire pour ne pas rompre le climat de silence et de sérieux qui régnait dans la maison. Maman Mali le constata et mitrailla sa fille d'un regard aussi perçant que son couteau de cuisine. Lumoo capta le message et demanda pardon à sa mère très discrètement à l'aide de ses deux petites mains croisées. Ce manque de retenue agaça la maman qui promit, en silence, d'y revenir quand elles se retrouveraient sur l'arrière-cour face à face. Papa Mburashi racla, bruyamment, la gorge pour éclaircir sa voix avant de commencer.

-       Maman Tulihale[24], mes chers enfants, je ne serai pas long car il faudra se coucher tôt pour être debout au premier chant du coq afin

---

[23] *Radio France International.* Ce surnom traduisait plusieurs réalités dépeignant le profil de Papa Mburashi : il parlait beaucoup et tout le temps.

[24] Dans le village de Ntsulo et ses environs, lorsque quelqu'un a un enfant, fille ou garçon, généralement on cesse de l'appeler par son nom mais plutôt par le nom de l'enfant. C'est ainsi que vous avez Papa (ou Baba) Tulihale (le père de Tulihale), Mama(n) Tulihale (la mère de Tulihale), Papa Muhindo (le

d'accompagner Kandu et Kilofasi au marché où ils prendront le taxi-bus pour se rendre à Ngoma.

- Papa, quel miracle !, dit Lumoo. Habituellement quand vous parlez, vous ne vous arrêtez que lorsque Maman manifeste sa lassitude.

- Sois gentille, ma fille, la dernière fois que je vous ai parlé, je n'ai fait que trois heures. Et pourtant j'avais toutes les raisons d'être long puisque nous avions reçu la visite de votre cousin qui travaille à Nyankunde.

- Vous deux-là, vous nous cassez les pieds, interrompit la Maman. Dis ce que tu as à nous dire et cesse de nous distraire.

- D'accord. Je disais donc, chère famille, que ce moment est très important pour moi. L'entente qui règne entre nous doit continuer et même s'intensifier. Personne ne fait rien en cachette et nous prenons toutes les grandes décisions ensemble. Demain, vous reprenez le chemin de l'école. Point n'est besoin de vous rappeler vos obligations comme enfants de cette famille mais aussi et surtout comme élèves. Vous n'êtes plus de petits enfants à qui il faut tout dire. Je voudrais, cependant, vous rappeler une chose que vous connaissez déjà : nous comptons beaucoup sur vous. Vous êtes tous témoins que votre mère et moi-même avons tout sacrifié pour que vous puissiez étudier dans de bonnes écoles. Les récoltes, le bétail, le petit commerce de *vieti*[25] et de tabac de votre maman, nous aident à vous assurer une éducation et une

---

père de Muhindo), Maman Cikuru (la mère de Cikuru), Papa Alimasi (le père d'Alimasi) …

[25] *Vieti* est le diminutif de Vietnam (Viêt Nam), un pays de l'Asie du Sud-Est. Il signifie des habits usagés, de seconde main. L'origine remonte à l'époque de la guerre du Viêt Nam qui a duré près de seize ans (1959-1975). On ne sait ni comment ni pourquoi les gens se sont imaginés que le linge de seconde main qui inondait les marchés du pays venait des milliers de morts du Viêt Nam. Aujourd'hui encore, ce linge continue à faire le bonheur de petites bourses incapables de s'offrir des vêtements tout neufs. Il ne vient sûrement pas du Viêt Nam mais les gens continuent à l'appeler *vieti* en lui ajoutant la nuance *d'habits de très peu de valeur*. Dans certains milieux, on emploie actuellement le mot *chagua* (en swahili : choisis ce qui te plaît, sous-entendu, ce n'est pas ici qu'il faut chercher le luxe et la qualité) ; *tombola bwaka* (en lingala : soulève et observe, si ça ne te plaît pas remets dans le tas et prends autre chose, ainsi de suite jusqu'à ce que tu trouves quelque chose qui convient à ton goût et à ta taille). On pense que ces friperies sont essentiellement les déchets des sociétés de consommation occidentales qui renouvellent leurs garde-robes à chaque saison, du moins pour ceux qui en ont les moyens, car même en Occident il y a de vrais pauvres, ceux qui vivent aussi du superflu balancé par leurs concitoyens qui savent nager dans les eaux troubles.

scolarité dont nous-mêmes n'avons pas bénéficié à notre époque. Nous remercions, en passant, Papa Ndalemwa pour avoir pensé à installer un dépôt de *vieti* à Saki où votre maman et d'autres peuvent s'approvisionner sans devoir aller très loin en Uganda. Il donne parfois la marchandise à crédit et votre maman paie quand elle a fini de tout vendre. Jusque-là vous nous avez donné satisfaction et nous avez honorés par votre rendement et votre conduite. Les échos qui nous parviennent en provenance de vos écoles sont très élogieux et nous touchent très sincèrement. Nous vous en remercions, votre mère et moi-même.

- Papa Tulihale, tu as oublié de mentionner la générosité de Papa Sampfura qui me transporte gratuitement, avec ma marchandise, sur son camion Fuso pour aller au marché de Bihambwe, de Karuba et de Kitchanga.

- Merci Maman Tulihale. Oui, nous bénéficions de plusieurs faveurs de nos amis sans le concours desquels, il serait très difficile de nous en sortir. Tulihale, tu n'as jamais occupé une autre place en classe que la première avec un pourcentage toujours au-delà de soixante-quinze. Maintenant que tu entres en sixième année secondaire, ce n'est pas le moment de relâcher. Pas de perte de temps. Tu as la chance que tu rentres chaque jour à la maison et que tu trouves un peu de *kipolo*[26] que tu peux vite avaler avant de plonger dans tes notes, en attendant le repas familial. Tu devras gagner ton diplôme, je dis bien gagner, avec un pourcentage qui te permettra de convoiter les universités qui méritent encore ce nom dans notre pays. Et il n'y en a plus beaucoup. Je ne voudrais pas que tu ramènes ici un de ces diplômes diplomatiquement politiques distribués pour répondre au critère de quota. Pas question. Si c'est le cas tu devras refaire la sixième année secondaire. Et surtout ne compte pas sur moi pour t'envoyer au fameux maquis dont tous les jeunes gens de ton âge rêvent. C'est hors de

---

[26] *Kipolo* vient du verbe swahili *kupola* ou *kupoa* qui signifie *(se) refroidir*. C'est le reste de nourriture de la veille qu'on peut manger froide ou réchauffée. En français on dirait de la *nourriture rassie ou rassise* (*rassi – rassis*) du verbe *(se) rassir*. Dans les villes, à l'époque de l'abondance, on ne gardait pas le reste de nourriture. On jetait tout dans la poubelle derrière la maison. En attendant le ramassage par les services urbains ad hoc, les chiens, les chats et les rats tenaient leur conférence sur ce promontoire. Aujourd'hui, il semble qu'il n'y a plus rien qui reste après les maigres repas, par endroit très rares d'ailleurs, avec comme conséquence l'ignorance du *kipolo* par les générations actuelles et l'extinction des espèces canines, félines et rongeuses. C'est le règne de la sélection naturelle qui menace toutes les espèces vivantes de ces villes.

question. Tu n'iras pas dans ce bordel où tout est permis : la drogue sous toutes ses formes, l'alcool, le dévergondage, les mœurs légères, le laisser-aller, la tricherie etc. Bien compris, mon fils.

- Oui, Papa. Je ferai tout ce qui est à mon pouvoir pour ne pas vous décevoir.

- Je l'espère bien. Quant à toi Kandu, tu as choisi librement d'aller au Petit Séminaire. C'est pour quelle fin ?

- Je voudrais servir le Seigneur en mettant tout ce que j'ai et tout ce que je suis au service de mes frères, comme l'Abbé Michel Kimata.

- Tu y tiens ?

- Oui, Papa. Mais j'aurai besoin de vos prières et de votre soutien.

- C'est promis. Mais pas d'aventure, puisque depuis un certain temps je te vois très collé à la fille de Papa Buyingo.

- Il n'y a rien, Papa. C'est juste une amitié, aussi limpide que vous pouvez l'imaginer.

- Qu'il en soit ainsi.

Maman Mali acquiesçait par un mouvement de la tête ou par des *mmmm*. L'atmosphère était sereine. On aurait pu entendre une mouche voler. Quand Papa parle, on écoute. C'était une vertu aussi solide qu'un rocher chez les Mburashi. Le Papa parlait avec autorité et fermeté mais sa voix laissait deviner des sentiments d'amour et de peur de l'échec. Il savait que dans le village il y avait de mauvaises compagnies qui risquaient de compromettre à jamais l'éducation aux valeurs qu'il essayait de donner à ses enfants. Plusieurs garçons du village faisaient l'école buissonnière qui aboutissait très souvent au décrochage. Ayant abandonné l'école, ces jeunes s'adonnaient à la débauche et au vol. Ils se divertissaient avec les filles d'autrui qu'ils jetaient ensuite dans l'opprobre comme on se débarrasse du noyau d'une mangue après en avoir sucé tout le jus.

A penser à tout cela, Papa Mburashi avait des sueurs froides au dos. C'est comme ça qu'en s'adressant à Tulihale et à Kandu, les deux premiers enfants de la famille, il avait pris un ton de marbre non par méchanceté ou dureté de cœur, mais par amour pour ses deux fils. Dans ses rêves, il voyait déjà Tulihale le deuxième médecin de la famille. Il s'occuperait de lui et de sa femme, Maman Mali. Il serait très respecté dans le village et ses environs. Maman Mali encourageait Kandu pour qu'il aille jusqu'à la prêtrise, sa prière serait alors exaucée. En effet, il priait avec ardeur Saint Jean Marie Vianney, le très populaire Curé d'Ars, pour qu'il intercède pour son fils. Kilofasi et Lumoo attendaient leur tour. Ils se disaient que tous les conseils que Papa avait prodigués aux deux autres valaient également pour eux et qu'il n'était pas nécessaire d'en rajouter. Papa Mburashi avait parlé pendant deux heures d'affilée, interrompues parfois pendant quelques secondes par quelques compléments de Maman Mali. Il avait pourtant promis de ne pas être long. La pauvre Lumoo bâillait déjà mais s'efforçait de le dissimuler, se souvenant du regard foudroyant de sa mère tout au début de la rencontre.

Rassuré par la réponse de Kandu à propos de ses rencontres de plus en plus fréquentes avec la fille de Buyingo, Papa Mburashi poursuivit son *instruction* :

- Et toi Kilofasi, j'ai constaté que tes camarades t'appellent Kiki. D'où vient cette histoire ?
- Papa, Kilofasi c'est trop long.
- Donc tu as décidé de changer le nom que nous tes parents t'avons donné ? Quelle imposture ? Quelle désinvolture ?
- Pardon Papa, c'est le même nom, seulement pour les jeunes c'est plus classe Kiki.
- Dis plutôt pour les filles. Et tu as même le courage d'expliquer ton indélicatesse ! Ok, j'ai compris que ton nom te gêne. Toi, tu nous donnes beaucoup de soucis. Tu travailles bien à l'école et ta conduite est à la limite irréprochable mais tu as des allures d'un filou. Il y a un sixième sens qui me dit que tu nous roules tous, ta mère et moi. Tu joues au cache-cache. Mais cela ne saura plus durer maintenant que tu vas commencer la quatrième année secondaire. Je vais demander au Directeur de discipline de ton école de te tenir à l'œil.
- C'est très bien fait pour toi, dit Lumoo à Kilofasi.
- Furaha, je n'aime pas ça. Est-ce ton problème ?
- Papa, j'ai trouvé une lettre de Da Vumi[27] dans les habits de Ka Kiki.
- Furaha, tu me cherches, je ne veux pas à moi[28] !

---

[27] Dans le village de Ntsulo et ses environs, la politesse et le respect veulent qu'on fasse toujours précéder le nom d'un(e) aîné(e) par *Da* (forme abrégée de *Dada*, mot swahili qui signifie (ma) sœur ou (ma) grande sœur ou *Ka* (forme abrégée de *Kaka*, mot swahili qui signifie (mon) frère ou (mon) grand frère. Ainsi *Da Vumi* (Dada Vumilia) et *Ka Kiki* (Kaka Kiki). Ailleurs, en RDC, on dirait, *Ya Nsimba, Ya Ekofo*, le *Ya* étant la forme abrégée de *Yaya* qui signifie grand frère ou grande sœur.

[28] Comme le français est une langue très dynamique, les habitants de Ntsulo et de ses environs emploient cette expression au lieu de *Tu me provoques! Je n'aime pas ça*. C'est probablement un cas de ce que les linguistes appellent *interférence linguistique*.

- C'est ça le français que vous apprenez à l'école secondaire ?, s'exclama le Papa. Oh ! que les temps ont changé ! Et dire que tu es le meilleur de ta classe ! Je n'arrive pas à y croire !

- Papa, c'est le français moderne, je voulais dire facile, que tout le monde comprend.

- D'accord. Lumoo, où est cette lettre ?

- Papa, Ya Kiki vient de me la ravir tout à l'heure et elle se trouve déjà dans son ventre.

- Quoi ? Kilofasi tu as avalé du papier !

- Papa j'étais distrait. Je ne … je … ne… voulais pas. C'est venu comme ça.

- Pour qui nous prends-tu ? Espèce de malappris. Indigène. Vaurien. Mon singe ! Tout le français appris à l'école de la Mission y passa.

Il fallut l'intervention rapide et efficace de Maman Mali pour ramener le calme. Elle usa de son tact féminin pour minimiser l'incident qui, aux yeux du papa, était un affront impardonnable. Elle s'adressa à lui avec un ton si doux, si charmant et si infléchi que Mburashi ne put résister longtemps. Il promit pourtant de redresser son foutu de fils. La maman gronda très sévèrement et Lumoo et Kilofasi. Lumoo, parce qu'elle était incapable de garder un secret. Elle aurait dû parler à son frère lorsqu'elle avait vu la lettre et lui prodiguer des conseils même si elle avait très peu de chance de réussir, tout simplement à cause de son double statut de fille et de cadette.

Kilofasi fut blâmé par la maman pour sa désinvolture et son manque de franchise. L'acte d'avaler la lettre ressemblait à peu de choses près au profil de bandits de grand chemin de l'acabit de Myatsi et Mufuta, de très triste mémoire, qui avaient terrorisé toute la population se trouvant entre Saki et Bweranama, vers les années soixante-dix. Papa Mburashi était fou de rage. Il n'arrivait plus à articuler convenablement les mots. Sa voix vibrait comme un rouleau compresseur. Ne pouvant rougir, on pouvait lire sur son visage des sillons qui oscillaient. Tulihale eut peur que leur père ne fasse un AVC[29] car il souffrait déjà de l'hypertension. Il courut très vite pour lui chercher ses médicaments. Il se passa une très longue minute avant que Tulihale ne revienne avec la boîte d'*adalat retard*, prescrit par le Dr Coco de l'Hôpital de Kirotshe, à une vingtaine de kilomètres à l'ouest de Ngoma, au bord du Lac Kivu.

Entretemps, Kandu avait couru à la cuisine pour chercher un peu d'eau. Le Papa, aidé et encouragé par sa femme, prit le médicament.

---

[29] *AVC* : Accident vasculaire cérébral.

Kilofasi ne savait plus comment se tenir. La chaise le démangeait. Il bougeait tout le temps. On eût cru qu'il avait des fourmis sous son pantalon. Son seul souhait était que la terre s'affaissât sous lui pour qu'il fût englouti. Tout le monde le regardait avec dédain et désapprobation. Il eut la tentation de quitter la scène en courant pour se réfugier chez sa tante Nabakatsi qui habitait juste à l'entrée du village quand on vient de Saki. Lumoo regrettait d'avoir été à l'origine de ce drame. Elle se reprochait son indiscrétion et sa maladresse. Elle fut prise d'un malaise inexplicable qu'elle tenta de camoufler. Mais on trompe difficilement une mère. Maman Mali bondit de là où elle était assise, tout contre son mari. Elle saisit sa fille et la serra très fort contre sa poitrine. Ce geste attira l'attention de tout le monde.

-   Maman Tulihale, que se passe-t-il ?, demanda le papa.
-   Lumoo s'est évanouie. Elle respire difficilement.
-   Il faut appeler Papa Munganga[30].
-   Non Papa Tulihale, ça va aller. Je vais l'étendre sur une natte dehors à l'air frais.
-   Pourquoi ça ? Mon Dieu, pourquoi tout ça ?, grommela le père revenu de sa crise.
-   Tout ça c'est Kilofasi, dit Tulihale.
-   Je ne sais pas d'où est venu cet enfant, ajouta le père.
-   Papa Tulihale, je n'aime pas ce genre d'insinuation, rétorqua Maman Mali indignée des propos de son mari.
-   Mes excuses. Maman, je ne sais plus où j'en suis. Je perds la tête.
-   Ne répète plus jamais ça.
-   Je ne voulais pas t'offenser. Cet enfant nous déçoit tous.

Kilofasi tentait de se donner du tonus pour ne pas perdre le contrôle de ses nerfs. Il sortit pour voir l'état de sa sœur. Il fut soulagé de la voir les yeux ouverts, parlant à sa mère pour lui demander ce qui s'était passé. Il lui adressa quelques mots gentils, question de se racheter et de se donner bonne conscience. Lumoo lui sourit et fredonna quelques mots qui sonnaient comme : *C'est ma faute. Pardonne-moi.* Cette attitude enchanta Maman Mali qui eut le sentiment que, malgré tout, ses enfants étaient bien éduqués et qu'ils

---

[30] Papa Munganga était l'infirmier du village. Il s'appelait Romain Kafulubiri. Bien que n'ayant pas été à la Fac de Médecine de l'Université de Lovanium, il s'était construit une grande renommée dans la région. Il pratiquait même des interventions chirurgicales à la lumière d'une lampe tempête ! Son vrai grade était *Assistant Médical*, formé dans la prestigieuse école de Yakusu, dans la Province Orientale, en RDC.

s'aimaient réellement. Cette satisfaction, somme toute légitime pour une mère, la rassura que la rencontre allait se poursuivre normalement après ce triste incident.

-    Lumoo, comment te sens-tu maintenant ?
-    Maman, ça va déjà. Merci beaucoup pour votre présence.
-    C'est mon devoir. Que s'est-il passé ?
-    J'ai senti brusquement un malaise. Je ne voyais plus rien. Tout, autour de moi, tournait très vite. Et … je ne me souviens plus de rien.
-    Oui, ça arrive quelquefois quand on sent une forte émotion.
-    Maman, comment suis-je arrivée ici ?
-    Je t'ai prise dans mes bras et je t'ai transportée jusqu'ici.
-    Où sont mes frères ? Et Papa ?
-    Ils sont dans la maison.
-    Ils ont tout vu ?
-    Oui, ma fille.
-    J'ai honte, Maman.
-    C'est un malaise naturel qui peut arriver à n'importe qui, n'importe où et à n'importe quel moment. Attends quand tu seras mariée, tu m'en diras des nouvelles.
-    Tu me fais peur, Maman.
-    Non, ma fille, je t'avertis.
-    Merci, Maman. Rejoignons les autres. Ils nous attendent. C'est toi qui vas expliquer ce qui s'est passé.
-    D'accord. De toutes les façons ce n'est pas difficile.
-    Maman, tu leur diras que j'ai été prise d'un malaise gender. Ça coupera court à la curiosité masculine.
-    C'est quoi ça encore dje … quoi ?
-    Gender, maman. A l'école Maîtresse Kaswera nous a dit que ça signifie femme et tout ce qui est féminin.
-    Le mot femme ne suffit pas ! Il faut en inventer un autre ! Quelle génération !
-    Maman, aujourd'hui on ne parle plus que de gender. Maîtresse Kaswera a dit que la femme doit se libérer de la domination de l'homme. D'ailleurs, le huit mars prochain le monde entier célébrera la victoire de la femme sur l'homme.
-    Et c'est ça le dje… ?
-    Oui, c'est ça le gender, Maman. Vive la femme !
-    Allons-y, assez d'inepties et d'idioties. Je pense que ton cerveau a été endommagé pendant la crise.

La conversation entre Maman Mali et sa fille devenait très passionnante et particulièrement intéressante pour Lumoo qui avait mordu à la propagande tapageuse de l'ONG[31] féminine *Femme Plus Ou Moins*, très active dans leur école. *Femme Plus Ou Moins* était une des nombreuses ONG et autres ASBL (associations sans but lucratif) qui se disputaient la population du petit village de Ntsulo et de ses environs. Elles rivalisaient d'ardeur pour arracher des adhérents à leurs programmes afin de justifier leurs demandes de soutien financier auprès des organismes de l'ONU (Organisation des Nations Unies) et d'autres ONG occidentales.

A cette époque-là, les secteurs sociaux les plus rentables étaient : le désarmement, la démobilisation et la réinsertion des enfants soldats (et il y en avait des enfants soldats !) ; la lutte contre le VIH/SIDA par la prévention et l'accompagnement des PVV (personnes vivant avec le virus du Sida) ; les veuves et les orphelins de cette pandémie ; les femmes et enfants victimes des conflits armés ; les femmes victimes des violences sexuelles, plus particulièrement les victimes des viols.

Maîtresse Kaswera était la présidente locale de cette ONG qui se battait becs et ongles pour la libération totale de la femme. Lumoo nourrissait déjà l'ambition de militer au sein de cette ONG dès qu'elle aurait l'âge requis. Tandis que pour Maman Mali, c'était le fait de quelques femmes en mal de positionnement politico-social. Elle ne s'imaginait pas un instant mener une guerre contre son cher mari Mburashi tout simplement parce que Maîtresse Kaswera le voulait.

- D'ailleurs, se disait-elle, elle-même Kaswera va se libérer de quel homme puisqu'elle n'est pas mariée. Elle n'a qu'à se marier d'abord et on verra comment elle va procéder pour se libérer. Libération, libération, gender, gender … ! Je conseillerais à toutes ces femmes de s'occuper, comme il se doit, de leurs maris et de leurs enfants, du moins pour celles qui en ont, avant de faire des bruits inutiles. Que celles qui ne sont pas mariées cherchent à l'être et à avoir des enfants. Un point à la ligne. Quand elles seront occupées, elles rêveront moins.

- Non, Maman, Maîtresse Kaswera est mariée et a un enfant. Son mari est paralysé et vit à Ngoma pour être près de son médecin.

- Ah bon ! Je ne savais pas. Excuse-moi, ma fille.

Pendant que Maman Mali tournait et retournait ces pensées dans sa tête, elle et sa fille avançaient vers la porte de la maison centrale pour rejoindre le reste de la famille qui s'inquiétait pour Lumoo.

- Toutes nos excuses, Papa, mes frères, s'empressa de dire Lumoo.

---

[31] *Organisation non gouvernementale*, parfois financée par le gouvernement.

- Dieu soit loué, nous avons eu des frissons, marmonna le père.
- Furaha, comment vas-tu ?, demanda Tulihale.
- Je vais bien, merci. Il y a eu plus de peur que de mal. Rien de vraiment sérieux.
- Dites-nous, Maman, que s'est-il passé ?, s'enquit Kandu qui était resté jusque-là silencieux et méditatif.
- Rien d'autre que le dje …, répondit la maman tout en tournant vers sa fille pour l'aider à prononcer ce mot étrange.
- Le gender, Maman.
- Oui, c'est ça. Une affaire gender.
- J'ai déjà entendu ce mot quelque part, renchérit le papa pour faire un peu pédant.
- Le gender qui rend malade, c'est étrange, dit Tulihale, intrigué.
- Papa Tulihale, peut-on poursuivre notre réunion ?
- Bien sûr, Maman.
- Kilofasi, où en étions-nous.
- Vous vous adressiez à moi, Papa.
- D'accord. Maintenant que l'incident de la lettre, avalée sciemment par Kilofasi, est clos, revenons à nos moutons. Je disais donc que j'allais demander au Directeur de discipline de ton école, Mr Sinamali, de te serrer comme une vis. L'incident de tout à l'heure me donne parfaitement raison. Dieu ne dort pas. Moindre mouvement, moindre erreur, tu es fichu. Tu dois devenir un grand homme et c'est maintenant le moment d'y penser et pas quand tu auras trente ans, après avoir tout gâché. Tu fais les études pour ton bien. N'oublie jamais cela. Pas d'école buissonnière, car je sais qu'il y a certains de tes amis qui préfèrent aller jouer au football ou filer à Ngoma au lieu de se rendre à l'école. Désormais, Mr Sinamali marquera, dans ton cahier de communication, l'heure d'arrivée à l'école et celle du départ. Tous les jours, chaque fois que je rentrerai du travail, tu me le présenteras pour vérification et signature. Je ne veux plus te voir perdre le temps avec la fille de Papa Buyingo. Tu auras tout le temps de rencontrer toutes les filles que tu voudras quand tu seras responsable de ta vie. Mais tant que tu seras sous mon toit, pas question. Travail, travail et encore travail. C'est bien entré dans ta tête ronde ?
- Oui, Papa. Je vous promets de changer. D'ailleurs j'ai déjà commencé à changer.
- Depuis quand ?
- Par exemple aujourd'hui, je n'ai pas quitté la maison.
- Tu appelles ça changement !
- C'est le début.

- Tu n'es pas sorti parce que Vumilia a voyagé hier. Tu ne réussis pas à bien jouer au malin, petit espiègle !
- Ah ! Vous êtes au courant ?
- Je peux même te dire où elle est allée. Elle a accompagné sa mère à Butembo pour une visite de famille. Tu sais que sa mère est de Butembo, n'est-ce pas ?
- Ça, Papa, non ! Vous suivez tout ça !
- Voilà pourquoi tu n'es pas sorti aujourd'hui. Ce n'est pas parce que je ne dis rien que je ne sais rien. Nos ancêtres disaient : Mukulukulu a*nompfa h'atasñubya*[32].
- Papa Tulihale, avez-vous fini avec Kilofasi ?, demanda avec lassitude, Maman Mali. Il se fait tard. Demain très tôt je dois aller à la Paroisse pour une séance de délivrance. La femme du Président des bouchers de Saki est possédée par des *bazimu*[33].

Papa Mburashi consulta, fièrement et avec emphase, sa montre-bracelet *kienzle*, une vieille marque allemande qui a fait la pluie et le beau temps. Il l'avait achetée, avec son premier salaire, dans le magasin de Mr Bologna à Mushaki, à une douzaine de kilomètres à l'ouest de Saki. Il fut désagréablement surpris de constater qu'il était vingt-trois heures. Tout le monde dans le village ronflait déjà. On n'entendait que les aboiements synchronisés des chiens de Papa Simisi, le chasseur du village. Il se rendit compte qu'il avait été très long alors qu'il avait promis d'être très bref. Et jusque-là il avait tenu le crachoir tout seul. Comment redresser la situation ? Il ne s'était pas encore adressé à Lumoo. Les autres membres de la famille ne s'étaient pas encore exprimés pour dire ce qu'ils pensaient de tout ce que leur papa venait de dire et sur la situation de la famille en général. Il eut l'idée de clôturer la réunion, mais il se dit qu'il valait mieux ajouter encore quelques minutes plutôt que de frustrer sa femme et ses enfants.

Il leur demanda leur avis :

---

[32] Dans la langue de Ntsulo et de ses environs, ce proverbe signifie : *Un adulte entend mais ne répond* (réplique, réagit) *pas*. Cela veut dire que quand un adulte, ici un parent, voit et entend des choses, il les garde pour lui jusqu'au moment opportun. Dans la sagesse du coin, cette vertu était censée mettre à l'aise les plus jeunes pour qu'ils ne se sentent pas surveillés par les adultes.

[33] *Bazimu*, pluriel de *mzimu*. Au village de Ntsulo et de ses environs, on croyait que les esprits des personnes mortes en rupture totale avec la société devenaient des esprits errants mécréants qui tourmentaient les vivants à la recherche du repos. Le Groupe de Renouveau Charismatique de la Paroisse avait monté une cellule en son sein chargée uniquement de chasser ces démons.

-   Je vous présente toutes mes excuses. J'ai été égoïste. J'ai parlé seul et j'ai pris tout le temps de la réunion. Il est vingt-trois heures. Que proposez-vous ?

-   Nous n'avons pas le choix, répondit Kandu, car Kilofasi et moi-même, nous partons demain matin très tôt. On continue et on clôture.

-   Merci beaucoup, les garçons. Vous êtes vraiment les fils de votre père. Et les autres que dites-vous ?

-   Je soutiens l'idée de mes petits frères, répondit Tulihale, très sérieux comme un pape. J'espère cette fois-ci que ce sera vraiment trente minutes.

-   Merci mon fils aîné. Toi tu es exactement la copie conforme de ton grand-père paternel.

La maman et sa fille épousèrent les décisions des hommes en attendant que le gender de Lumoo se consolide. Sans trop tarder, le papa demanda à sa femme de prodiguer des conseils à sa fille.

-   Ce n'est ni le moment ni le lieu, rétorqua vivement Maman Mali.

-   Et pourquoi, dit le papa, surpris par cette réponse impromptue.

-   Ma fille et moi, n'avons pas besoin d'une réunion pour causer. A votre avis, de quoi parlons-nous lorsque nous sommes toutes les deux ensemble ?

-   Nous voudrions le savoir, répondit le papa.

-   Ici, il est question de conseils concernant essentiellement les études. Et ça, c'est votre travail. Assez perdu de temps. Passez directement à l'essentiel.

-   Ma fille Lumoo ?

-   Papa.

-   Tu vois, tes frères ici présents sont de grands travailleurs à l'école. Ils réussissent toujours brillamment. Tu devras les imiter et même les dépasser.

Ces paroles suscitèrent les rires fous des garçons. Maman Mali sortit de sa réserve pour les reprendre :

-   Qu'avez-vous à rire ainsi comme de petits sots ? Ma fille va vous étonner tous.

-   Excusez-nous, Maman, on voulait juste la provoquer.

-   Si vous m'interrompez tout le temps, on ne terminera jamais cette réunion, tonna le père.

-   Ce n'est rien, Papa, dit Lumoo. Mes frères croient que je ne grandirai pas comme eux. Qu'ils en profitent maintenant car dès que j'aurai l'âge du gender, je leur montrerai que je peux faire plus qu'eux.

-   On ne va pas revenir sur le gender. C'est un sujet déplacé dans le cadre de notre partage. Toi, Lumoo, gender ou pas, tu resteras femme et fille de Papa Mburashi et de Maman Mali. Je ne vois pas ce que le gender va y changer.

-   Papa, il vaut mieux oublier, pour l'instant ce sujet qui irrite tous les hommes car ils croient que les femmes vont leur ravir le pouvoir qu'ils croient posséder.

-   Non, ma fille, parlons-en parce que depuis un certain temps, dès qu'on ouvre un peu la bouche, c'est le même refrain qui revient. Alors, crevons l'abcès et dis-nous ce que tu vas gagner dans cette histoire de mode appelée gender.

-   Si vous y tenez, voici ce que Maîtresse Kaswera nous a dit : l'homme et la femme sont égaux. Pendant très longtemps, les hommes ont cru qu'ils étaient supérieurs aux femmes et les ont maintenues dans une position d'infériorité. Malheureusement, les femmes ont intériorisé cette attitude qui a engendré un complexe d'infériorité dont il est aujourd'hui difficile de se défaire. Le combat prendra du temps mais il finira par le triomphe de la vérité. La femme reprendra sa vraie place dans le foyer et la société comme cela a été inscrit dans la nature par le Créateur. Les femmes du monde entier se sont liguées pour mettre fin à l'hégémonie et à l'orgueil des hommes. Le rôle de la femme ne peut être réduit à la *production* des enfants et aux travaux ménagers. Les femmes demandent l'égalité des chances pour tous : à compétence égale, considération égale. C'est aussi simple que ça

- CHAPITRE IV. UNE FILLE PAS COMME LES AUTRES

Papa Mburashi n'en croyait pas ses oreilles. Quelle éloquence ! Quelle intelligence perspicace ! Quelle mémoire chez une si petite fille ! Que sera cette enfant à l'âge nubile ? Il était à la fois peiné de voir que Lumoo avait épousé les idées de ce courant vague, prêchant l'émancipation de la femme. Mais en même temps, il était fier d'avoir une fille si intelligente et si critique, capable de tenir tête à ses trois grands-frères et à lui-même. La clarté de ses propos, la justesse de son argumentation, la confiance en elle-même, son éloquence et surtout sa détermination, éblouirent toute la famille.

Maman Mali se frottait les mains. Elle ne comprenait pas grand-chose de tout ce que sa fille débitait, dans un langage au-dessus de ses moyens. Elle se disait intérieurement, en s'adressant aux quatre *mâles* de la famille : *Vous en avez pour votre compte, maintenant je ne suis plus seule. Vous n'allez plus me raconter n'importe quoi. Osez encore parler.* La vigueur intellectuelle et le courage de sa fille la comblaient tout en semant l'inquiétude en elle. Elle n'avait fait que l'école des ménagères au Foyer Social de Ngoma, tenu par les Sœurs de la Congrégation des Filles de Marie Reine des Apôtres.

En ce temps-là, l'Evêque de Ngoma, ayant appris le bien que faisait cette Congrégation dans le Diocèse d'Enkafu, supplia son confrère Archevêque de lui envoyer quelques sœurs pour son Diocèse. Celles-ci furent chargées de l'éducation de la jeune fille partout où elles pouvaient aller à pied, en voiture, à vélo, à moto, en pirogue, en tipcy, en avion. A l'époque où Maman Mali grandissait, c'était un grand honneur et un privilège inespéré, pour une fille, d'être admise au Foyer des Sœurs. On y apprenait un peu de calcul, juste assez pour compter jusqu'à mille car l'argent ne se comptait pas encore en millions. Il n'y avait que quelques *millénaires*. C'est comme ça qu'on désignait les personnes riches dans le village de Ntsulo et de tous les *environs lointains*. En effet, avoir mille francs congolais relevait d'un exploit que tout le monde ne pouvait pas atteindre. Il semble que la situation a changé : tous les habitants de Ntsulo sont devenus millionnaires. Heureusement pour eux. Ils ont eu de la chance.

Au Foyer, les filles, futures épouses et mères, apprenaient également l'écriture élémentaire, suffisante pour lire et écrire en swahili, aptitude très importante qui leur permettrait d'éviter que leur correspondance avec leurs *soupirants* ne soient écrites et lues par des tiers, pas toujours discrets. Les filles y étaient aussi initiées au savoir-vivre et surtout à la tenue correcte et impeccable d'un ménage et à *l'encadrement intégral* d'un mari.

La Révérende Sœur *Mama* Sangara, reconnue pour son austérité et sa droiture, était chargée de leur apprendre à tricoter des nappes de table et des habits pour bébés. Tandis que la Révérende Sœur *Mama* Rutazihana, extrêmement autoritaire et étonnamment juste, à l'image du Premier Ministre Anglais Margaret Thatcher, leur apprenait les rudiments de la langue française qu'elle maniait sans peine autant que les multiples langues africaines qu'elle maîtrisait. Lesdits rudiments étaient d'une nécessité incontestable dans un monde en profondes mutations, un monde dans lequel on n'était *considéré* que si on parlait, tant bien que mal, cette langue venue de loin, de très loin au pays des mangeurs de pommes de terre et des œufs.

Les Sœurs les plus douées s'occupaient de les introduire dans le monde de la culture générale notionnelle : un peu de géographie de la région, du pays, de l'Afrique et du monde ; un peu d'histoire de la région et du pays. Cette initiation était complétée par l'éducation à la santé et à l'hygiène domestiques. C'était le domaine réservé à la Révérende Sœur *Mama* Pétronille Kalepfulu, grâce aux connaissances acquises sur le tas et à l'expérience accumulée au cours de son long séjour à la Fomulac[34] de Katana, à quelques kilomètres au nord d'Enkafu. A la sortie du Foyer, les filles étaient munies d'un certificat d'aptitude au mariage, très bien respecté par tous surtout par ceux qui étaient à la recherche de fiancées hors du commun des mortels.

Il paraît que des Foyers pareils il y en avait aussi à Boma chez les Sœurs Servantes des Pauvres, à Kisantu chez les Sœurs de Notre Dame de Namur, à Kipaku chez les Sœurs du Sacré-Cœur, à Kikwit chez les Sœurs des Pauvres de Bergame, à Mankanza chez les Sœurs Franciscaines Missionnaires de Marie, à Lubumbashi chez les Sœurs Salésiennes de Don Bosco alias Filles de Marie Auxiliatrice, à Kongolo chez les Sœurs du Cœur Immaculé de Marie, à Kindu chez les Sœurs Filles de la Croix, à Kisangani chez les Sœurs de la Sainte Famille, à Kananga chez les Sœurs I.C.M. connues sous le nom raccourci de Sœurs Scheutistines, à Mbuji-Mayi chez les Sœurs du Divin Maître, à Kabinda chez les Sœurs de la Charité...

---

[34] *Fondation Médicale de l'Université Catholique de Louvain au Congo*, créée le 16 janvier 1926 par un groupe de Professeurs de l'Université Catholique de Louvain, en Belgique. Cette fondation avait pour objectif de former des infirmiers et des assistants médicaux suivant de saines méthodes et une pédagogie éprouvée. Elle devait également offrir un cadre idéal aux chercheurs pour l'étude de la pathologie tropicale (voir *http://www.md.ucl.ac.be/histoire/malengreau/sld006.htm*).

Il y en avait presque partout et toujours dirigés par des religieuses. L'Eglise y attachait une très grande importance car elle était convaincue que sa mission ne pouvait prendre racine qu'avec des vocations locales, fruit de familles chrétiennes pratiquantes. Il fallait pour cela préparer de très bonnes épouses chrétiennes pour les garçons qui étaient en formation dans les nombreux collèges et écoles de moniteurs disséminés à travers le pays. Il n'était d'ailleurs pas rare que les Sœurs et leurs homologues masculins, Frères ou Pères, arrangeassent des mariages entre leurs poulains. Ce fut le cas pour Mlle Mali et Mr Mburashi. Ce dernier dut quitter l'école avant l'obtention du diplôme de moniteur car il devait aller se marier à Mlle Mali. Ainsi en avaient décidé les Sœurs, les Frères et sa propre famille.

Mburashi n'avait jamais gardé rancune contre qui que ce soit pour l'arrêt brusque de sa scolarisation, lui qui rêvait de devenir comme son enseignant de première année primaire Maître Nzarubara, homme très dévoué et digne. Il était content de son travail chez Mr Paul et son mariage se portait plutôt très bien. Il n'y avait pas de quoi se plaindre. Après tout, le Père André De Vos, qu'il avait connu à la Mission de Bubandana, l'avait assisté dès la naissance de son premier fils.

En ces temps-là, les gens étaient unanimes pour dire que l'Eglise les aidait beaucoup et ils en étaient très reconnaissants. Ils la sentaient très proche d'eux. Ses ministres vivaient des dons que les fidèles leur offraient. Ils connaissaient absolument tous les fidèles qu'ils rencontraient au cours des tournées pastorales dans les succursales, à bord de la très historique VW coccinelle et de la moto BMW, là où c'était possible. Ils n'hésitaient pas cependant à faire de longues distances à pied pour aller célébrer les sacrements de baptême, de confession, de mariage et de l'eucharistie. On ne parlait pas encore de la prise en charge dont Mama Mali ne cessait de parler à ses amis du Renouveau, mais la réalité existait déjà. Les gens le faisaient spontanément par amour, par solidarité, par esprit de partage.

En même temps qu'elle était agréablement surprise par la prestation, sans faute, de sa fille, devant toute la famille, Maman Mali savourait cette victoire inédite, pourtant illusoire et provisoire, de la femme sur l'homme. Elle ne pouvait pas risquer de le manifester au risque de s'attirer la foudre de son mari. Elle n'en était pas moins ravie. Son cœur était plein de sentiment de réussite. Comme mère, elle se disait qu'elle ne pouvait pas être plus heureuse, elle compléterait l'éducation de sa fille par des éléments purement liés au monde mystérieux féminin.

Les trois garçons savaient très bien de quoi parlait Lumoo, c'est pourquoi ils n'avaient pas osé engager la discussion avec leur sœur en

59

pleine réunion familiale et surtout à une heure si tardive de la nuit. Ils avaient tout suivi dans le silence, à défaut de mieux. Ils ne croyaient pas non plus, comme leur père, à la libération totale de la femme. Libération de quoi ?, se demandaient-ils. Qui libère qui ? Ils étaient sceptiques. Rien d'étonnant car ils étaient les fils de leur temps. Quand Lumoo termina son plaidoyer sur le gender, le papa, visiblement très ému et embarrassé, réussit difficilement à reprendre le fil des idées de la réunion.

- Merci, ma fille. Tu es vraiment formidable. Je suis fier de toi. Tu es la copie certifiée conforme à l'original qu'était ta grand-mère maternelle.

- Merci, Papa.

C'est à peine si Maman Mali ne bondit pas comme une lionne, sur Papa Mburashi. Elle se souvint des enseignements sur les fruits de l'Esprit : patience, tempérance, tolérance, maîtrise de soi … Elle dit avec beaucoup d'humour :

- Papa Tulihale, il n'y a que dans ta famille qu'il y a des gens formidables, intelligents, sérieux, forts de caractère. Et pourtant ton petit-frère Jérôme a mal tourné.

- Maman, laissez tomber, lui dit Lumoo pour la consoler. Je vous ressemble en tout et pour tout et j'en suis très fière.

- Pour terminer, se hâta de dire le papa, agacé par la remarque de sa femme, Lumoo tu devras penser dans tout ce que tu fais à ton futur foyer qui se pointe déjà à l'horizon. Je vous remercie tous pour votre très aimable attention. Toutes mes excuses pour les éclats de voix et la durée anormalement longue de cette rencontre familiale trimestrielle. La parole est à l'assemblée.

Ils étaient tous tellement fatigués que personne n'osa prendre la parole. Ils n'aspiraient qu'à aller se jeter sur le lit. Les derniers mots de Papa Mburashi avaient cependant attiré le peu d'attention qui restait à Lumoo. Le foyer qui se pointe déjà à l'horizon, qu'est-ce à dire ?, tenta-t-elle de comprendre. Et les études ? Et le gender ? Et la liberté de disposer de soi, de ses choix, de son avenir ? Ces questions se bousculèrent dans l'esprit très las de la jeune fille. Elle les chassa, se disant probablement que c'étaient les effets secondaires de la fatigue. Les garçons avaient d'autres préoccupations : aller dormir pour être frais le matin au premier chant du coq.

La journée serait très longue surtout pour Kandu qui devait aller jusqu'à Jomba en passant par Ngoma et Kilofasi qui devait se rendre à Ngoma. Maman Mali devait aller à la prière de délivrance à la Paroisse. L'internat de l'Institut Mwanga ayant été fermé à cause de la délinquance de ses pensionnaires et du désintéressement de ses responsables, Kilofasi logeait chez son cousin Steve, le fils du grand-frère de sa mère. Son cousin ne tolérait pas le désordre et exigeait de Kilofasi d'être rentré à la maison au plus tard à 17h00.

- Personne ne veut parler ?, demanda sans conviction le père.

Un moment de silence protocolaire s'imposa dans la maison. Ils se regardèrent tous en se faisant signe de parler. Le papa insista pour les inciter à prendre la parole, conscient qu'il avait abusé de leur patience. Décidément personne ne voulait prolonger davantage cette rencontre qui n'avait que trop duré. Ils se disaient que le père avait tout dit et que la suite était dans le camp d'un chacun. Maman Mali savait qu'elle continuerait la conversation avec sa fille à n'importe quel moment parce qu'elle habitait encore sous le toit familial. Tulihale rentrait tous les jours à la maison car il avait un vieux vélo qui lui facilitait la traversée du Parc pour se rendre à l'école à Saki. Le problème était surtout du côté de Kandu et de Kilofasi. Mais ils étaient saturés de conseils et de remontrances du père. Tout était clair.

Contre toute attente, Lumoo fit signe à sa mère qu'elle voulait à tout prix parler. Il existait une complicité réelle entre les deux. La mère connaissant l'imprévisibilité de sa fille, essaya de la décourager par des signes mais la fille la convainquit et voilà :

- Pour moi, c'est simple. Juste une petite inquiétude sur laquelle on reviendra les jours à venir dès que vous aurez le temps. Je ne suis pas sûre d'avoir compris votre message à propos du foyer qui se pointe déjà à l'horizon. Auriez-vous par hasard un plan préconçu sur moi ? Maman ne m'en a pas encore parlé. N'est-ce pas Maman ?

- En effet, ma fille je ne t'ai pas parlé clairement de ce plan et de bien d'autres choses. Ça viendra en son temps. A présent tu es fatiguée et il vaut mieux aller s'allonger.

- Bravo ma chère et bien-aimée épouse. Je t'aime pour ça. Tu es très pratique et sage. Allons dormir. Et n'oubliez pas que tout ce que nous faisons et vous disons c'est pour votre bien. Nous ne voulons que votre bien. Bonne nuit, les enfants.

- Bonne nuit, Papa, Maman.

Papa Mburashi était très soulagé par l'intervention de sa femme qui l'avait sauvé de la question embarrassante de sa fille. Que pouvait-il lui dire si elle avait persisté dans sa curiosité d'adolescente ? Lui jeter à la figure la nouvelle de la promesse en mariage au fils de Mr Kamuzee Okelo, un grand chauffeur de camion venu de très loin dans la contrée de Mahagi, au bord du Lac Albert, non loin de la frontière ugandaise ? La rassurer par des mensonges cousus de fil blanc qu'il n'y avait rien ? Son âge lui permettait-il de supporter le choc d'une telle nouvelle ? Et la propagande dévastatrice de la Maîtresse Kaswera sur l'émancipation de la femme n'arrangeait pas les choses. Elle compliquait la situation.

Lumoo n'avait que douze ans et finirait la sixième année primaire à la fin de l'année scolaire en cours. Elle avait déjà réservé sa place au Lycée Chemchem dirigé par les Sœurs Ursulines de Tildonk à Ngoma. Le Préfet du Lycée, la Sœur Jézabel Simw'Olame, lui avait rassuré une place en première année secondaire à la rentrée scolaire de septembre. Elle ne s'imaginait pas un seul instant que tous ses projets s'envolent comme de la fumée parce que ses parents en auraient décidé ainsi.

Visiblement, Lumoo n'était pas du genre à accepter un mariage arrangé, ses parents s'en rendaient compte de plus en plus. Ses interventions au cours de la réunion familiale avaient effacé le doute de la tête de papa et maman. Celle-ci avait promis de lui en parler mais en réalité c'était juste pour arrêter la discussion et permettre aux enfants d'aller au lit. Lorsqu'ils furent tous partis, Papa Mburashi et sa femme restèrent encore deux heures ensemble en train de revoir certains projets familiaux. Ils avaient quatre enfants et ils devaient s'assurer que tous recevaient tous les atouts dont ils auraient besoin pour réussir dans leur vie. Maman Mali en profita pour reprocher à son mari d'avoir manqué de tact dans la façon de s'adresser à Kilofasi et à Lumoo.

- Papa Tulihale, vous avez soulevé un problème difficile à gérer.
- Lequel ?
- L'allusion au mariage de Lumoo.
- Elle devra pourtant inévitablement se marier.
- Peut-être. Mais on devrait lui laisser le temps d'en éprouver elle-même le besoin, le moment venu.
- Franchement, je ne te comprends pas. Une fille si bien éduquée, si intelligente, ne ferait-elle pas un foyer heureux ?
- Je n'en doute pas. Le problème c'est que ce sera son foyer et pas le nôtre.
- Allez, dis donc ! Un peu de jugeote quand même. Nous sommes ses parents et nous devons lui montrer la voie que nous croyons la meilleure pour elle.
- Pas sans elle.
- Tout ça c'est le gender, n'est-ce pas ?
- Je ne sais rien du gender. Tout ce que je sais c'est que les choses ont changé, mon cher mari. Nous ne sommes plus à l'époque où nos parents avaient décidé de nous marier sans notre avis.
- N'es-tu pas heureuse, comblée de mon amour ?
- Lumoo ne fera pas ce que nous lui imposerons. Je le sens et je le sais très bien.

- D'accord, on verra bien. Tu entêtes ta fille.
- Pour l'instant, laissons-la se concentrer sur les études.

Pendant ce temps, Lumoo continuait de se retourner sur son lit, ne réussissant pas à fermer les paupières. Elle savait que son père était un homme qui revenait difficilement sur sa décision. Tout le village avait eu le temps de l'expérimenter. Le coq chanta pour la première fois. Elle s'assoupit progressivement et s'endormit. Ses frères se réveillèrent pour se préparer à partir. Ils s'arrangèrent pour ne pas faire beaucoup de bruit dans la maison afin de ne pas la réveiller. La maman aussi se réveilla pour apprêter quelque chose à mettre sous la dent pour ses enfants et son mari. Le chant des oiseaux indiqua à tous qu'il était cinq heures du matin. Ils se mirent à table. Maman Mali était réputée pour ses qualités de cuisinière. Les mets les plus ordinaires, préparés avec soin et amour, avaient un goût extraordinaire. Les trois garçons mangèrent très vite tout en faisant attention aux arêtes du poisson fumé à la pâte de grains de courge. Lumoo se réveilla aussi pour se préparer à aller à l'école. Le papa avait rejoint les garçons et les regardait manger, en attendant son plat préféré, les petits pois aux pommes de terre.

Il était temps de partir. Maman Mali et les trois garçons dirent au revoir à Lumoo et au papa et se dirigèrent en hâte vers la grand-route pour attraper un taxi. Juste quand ils atteignirent la grand-route Saki-Ngoma, le taxi bus de Papa Musanganya dont le chauffeur n'était rien d'autre que le beau-frère de Papa Mburashi, s'arrêta. Ils embarquèrent à bord en se serrant les uns contre les autres car il n'y avait plus de place pour un être vivant.

De son côté, Lumoo rassembla ses nouvelles fournitures scolaires et les rangea dans son cartable tout neuf. Après avoir soigneusement appliqué son lait de beauté préféré Nivea, elle arrangea ses cheveux et porta l'uniforme bleu-blanc pimpant neuf, cousu par sa mère. Elle enfila ensuite des chaussettes blanches et des baskets de même couleur. Elle savait être raisonnablement coquette. Son maquillage ne lui prenait pas beaucoup de temps car elle avait très peu de choses à rectifier sur son corps. La nature l'avait vraiment gâtée et elle en était consciente. De taille normale, plutôt propulsée vers le haut, elle n'avait pas l'habitude de manger le matin pour, disait-elle, garder la ligne. Elle avait horreur des rondeurs qui auraient pu gâcher sa beauté naturelle. De teint sombre et brillant au contact avec la moindre lumière, elle en était très fière. Pour rien au monde elle ne l'aurait troqué contre une peau aux couleurs multiples par l'effet des produits éclaircissants bourrés d'hydroquinone. Les filles de son âge adoraient ce type de produits fabriqués par les descendants des phéniciens et lancés sur le marché local à des prix à la hauteur de toutes les bourses. Elle riait sous cape en les voyant jaunir, rougir, brunir, noircir tout à la fois selon la qualité du produit et la fréquence de son utilisation.

CHAPITRE V. LA MAITRESSE ET SON ELEVE

Lumoo sortit de la maison en prenant soin de bien fermer toutes les deux portes et les fenêtres car elle était, ce jour-là, la dernière à quitter la maison. Ensuite elle ferma le portail de la clôture en pierres de lave. Elle ne faisait qu'une vingtaine de minutes pour atteindre l'école. Sur le parcours elle rencontrait très souvent des gens connus et inconnus qu'elle saluait tous indistinctement.

- Bonjour Maman.
- Bonjour ma fille.
- Bonjour Papa.
- Comment ça va, ma fille ?
- Bonjour Dada … Bonjour *Kaka* …

Elle émerveillait tous ceux qu'elle rencontrait. Sa propreté, son élégance de guêpe, son regard innocent, sa démarche digne, sa beauté insolente … tout inspirait admiration et respect dans tout le village et ses environs. Les garçons avalaient de la salive en la voyant passer. Les projections les plus hallucinantes se précipitaient dans leur imagination. Chacun souhaitait être le premier à qui elle adresserait la parole. Certains prirent l'habitude de se lever très tôt et de se placer sur l'itinéraire de Lumoo, à un endroit bien visible pour attirer son attention et recevoir sa salutation. Bien éduquée, avec un brin d'orgueil qu'on ne retrouve qu'en des âmes supérieures, elle saluait avec un ton tendre qui faisait frémir les petits voyeuristes.

- Bonjour JP.
- Ah ! Ah ! Bonjour Furaha. Comment vas-tu?
- Je vais bien, merci.
- Tu ne t'arrêtes pas?
- Suis pressée pour ne pas arriver en retard. Toutes mes excuses, JP.
- On se voit quand ?
- Après les cours je suis toujours à la maison.
- Non, pas à la maison.
- Où alors ?
- Dans la bananeraie, du côté du Lac.
- Tu en as des idées, JP ! Bonne journée.
- A plus, Furaha.

Sans le savoir, et peut-être sans le vouloir, elle illumina la journée de JP tout simplement parce qu'elle lui avait adressé la parole. Elle se demandait ce qu'elle avait de si spécial pour que les jeunes et, curieusement les moins jeunes aussi, la considèrent comme un être extraordinaire, un chef-d'œuvre du Bon Dieu. Elle savait qu'elle était belle, très belle. Elle ne doutait pas de ses différents talents. Toutes ces marques d'attention commençaient à la gêner sérieusement. Elle ne s'était pas rendue compte qu'elle était déjà à l'entrée de l'école. Le portier fut surpris que Lumoo fût passée sans le saluer, contrairement à ses habitudes.

- Bonjour Lumoo ! Comment ?
- Bonjour Papa.
- Tu n'as pas l'air très en forme aujourd'hui ?
- Si, je suis très en forme, Papa.
- Mmmm ! Tu es sûre ?
- Seulement, j'ai dormi très peu.
- Ah ! Tu vois ! Je ne me trompe jamais dans mes diagnostics. Courage, ma fille.
- Merci, Papa.

Cette interpellation troubla Lumoo. Elle se rendit compte qu'elle était en fait distraite en pensant à la rencontre impromptue de tout à l'heure. Elle fit un grand effort pour retrouver ses esprits avant d'aller saluer Maîtresse Kaswera et lui raconter sa victoire sur les hommes à la dernière réunion familiale.

- Bonjour Maman Maîtresse.
- Bonjour Jeanne.

Maîtresse Kaswera l'appelait toujours par son prénom Jeanne sous lequel elle avait été baptisée par l'Abbé Floribert Mulimo, alors curé de la Paroisse de Bubandana, avant l'érection de celle de Saki. Ses parents lui avaient choisi ce prénom en mémoire de sa grand-mère maternelle qui s'appelait Jeanne Masika. Pourtant dans le village, on ne l'appelait presque pas par ce prénom.

- Tu as bien dormi, demanda Maîtresse Kaswera.
- Pas vraiment.
- Que s'est-il passé ?
- Une réunion familiale qui s'est terminée après minuit.
- Oh ! Tu as pu résister jusqu'à la fin ?
- Oui, Maîtresse. Maman me faisait signe tout le temps de ne pas somnoler.
- C'est bien, ma fille. Je suis fière de toi.
- Tu sais quoi ?
- Non.
- J'ai parlé du gender au cours de la réunion.
- Et alors ? Continue.

- J'ai vomi, avec une netteté surprenante, tout ce que vous nous avez appris sur le gender. J'ai parlé sans interruption pendant dix minutes. Tout le monde m'écoutait attentivement. Maman était dépassée, ne comprenant pas ce qui me prenait. Mes frères étaient restés bouche cousue. Papa, dans son orgueil masculin et dans un sursaut d'honneur de chef de famille, a tenté de dénigrer le mouvement d'émancipation et de libération de la femme, et surtout de la femme paysanne. Mais il n'a pas réussi à m'intimider. C'est ma mère qui m'a signalé, par un clin d'œil, d'arrêter l'exposé magistral. Je me suis rendue compte que les hommes n'ont pas d'arguments à part ceux d'autorité. On pourra facilement gagner le combat.

- Félicitations, ma chère fille. Je vais en parler à notre prochaine réunion de Femme Plus Ou Moins. S'il y avait une dizaine de femmes comme toi dans notre pays, les choses auraient déjà changé. Le problème est qu'il y a des femmes qui nous combattent, qui ne comprennent pas que c'est le combat de toutes les femmes pour toutes les femmes. Serais-tu prête à prendre la parole devant les autres femmes au mois de mars prochain ? Ce sera à Ngoma, à la Maison des Jeunes.

- Je ne suis encore qu'une petite fille, Maman Maîtresse.

- C'est encore mieux. Puisqu'alors les adultes seront défiées par ton combat. Je parie même qu'elles proposeront que tu fasses partie du comité provincial de Lutte pour la valorisation de la femme.

- Merci, Maman Maîtresse. Mais il faudra d'abord en parler à mes parents, vu mon âge.

- Je passerai à la maison un de ces jours. Tu n'as que douze ans mais ta taille te trahit. On te donnerait facilement dix-huit ans.

- Bonne journée Maman Maîtresse.

- Bonne journée Jeanne.

Ce jour-là JP raconta son exploit à tous ses amis du Collège Pain de vie de Lutoboo. Le Professeur Myatsi le surprit en train de raconter son bonheur à un condisciple pendant le cours de mathématiques. Il écopa d'une punition de deux jours de travaux forcés à l'école sous la surveillance de la sentinelle. Ses parents furent convoqués et le Directeur de discipline leur révéla que leur fils était amoureux d'une certaine Furaha. L'histoire fit tache d'huile dans tout le village. Lorsque Lumoo l'apprit, elle alla tout droit voir JP, accompagnée de son frère Tulihale. Après quelques balbutiements, JP dut avouer effectivement que c'était lui qui avait répandu le bruit depuis le jour qu'elle lui avait adressé la parole. Tulihale avertit le jeune homme, en présence de ses parents, que l'incident était clos mais qu'il devait désormais se tenir très loin de sa sœur s'il ne voulait pas que le ciel lui tombe dessus. JP était franchement comme un rat mouillé ou un chien battu, la queue entre les pattes. Il devint tout petit dans ses pantoufles. De grosses sueurs lui coulaient sur les joues, ne sachant pas où se cacher. Il maudit le jour où il avait arrêté Furaha sur la route pour lui parler. Ses parents étaient également très embarrassés par la témérité de leur fils. Le village tenait les Mburashi pour des gens très respectables et respectés, un foyer exemplaire qui entretenait de bonnes relations avec tout le monde. Cela pouvait arriver avec n'importe qui mais pas avec une Mburashi. Lumoo constata la gêne des parents de JP et veilla à leur présenter des excuses.

- Papa, Maman, ce n'est pas votre faute, dit Lumoo. Vous n'avez pas à vous culpabiliser pour ça. C'est nous les enfants qui vous mettons dans une telle situation. Toutes nos excuses.
- Merci notre fille. Tu es la lumière des jeunes de ce village. Ta présence ici dans de telles circonstances nous plonge dans un opprobre que nous ne saurons pas laver.
- Chers parents, ne vous en faites pas. Nous arrangerons tout avec JP. Mon frère voulait tout simplement attirer votre attention sur le comportement bizarre et indélicat de votre fils. Bonsoir Papa. Bonsoir Maman. Bonsoir JP.
- Bonsoir Lumoo. Salutations à papa et à maman.

JP put à peine lever la tête pour répondre au salut de Lumoo. Lui qui voulait tant voir, de très près, *en live* comme disent les anglais, le voilà le front baissé comme pour implorer l'intervention de notre mère la terre de l'avaler afin de le soustraire à cette scène qui avait tout l'air du jugement dernier. Les quelques dix minutes que dura la visite des Mburashi chez les JP, lui semblèrent toute une éternité. Il crut un moment que le monde s'était arrêté.

L'attitude de JP amusa Lumoo mais aussi suscita des sentiments de pitié en elle. Pauvre type qui ne sait pas ce qu'il veut ni comment l'avoir. Tulihale, avec le peu de connaissance en psychologie qu'il avait, comprit que c'était les premières manifestations violentes de l'adolescence masculine. Il n'attacha aucune gravité particulière à l'incident. Il avait fait le déplacement pour faire plaisir à sa petite sœur et pour lui montrer qu'elle était en sécurité. Sur le chemin, il lui dit que des rencontres de ce genre allaient désormais être fréquentes au fur et à mesure qu'elle grandirait. Elle n'avait donc pas à s'en faire mais être vigilante et prudente, tout de même, pour ne pas tomber dans les pièges attrayants de l'adolescence.

- Ça va passer, petite sœur. Nous sommes tous passés par là.
- Ka Tulihale, je n'aime pas que les gens me calomnient.
- Tu appelles ça calomnie !

68

- Pire que ça, je ne trouve pas le mot juste.
- Pour un garçon, adresser la parole à la fille la plus belle du village, c'est un honneur, un exploit, une victoire. Et ça se partage, ce type d'histoire.
- Ils n'ont qu'à aller voir les autres filles.
- Elles ne les attirent pas. Tu n'es pas contente de voyager dans tous les esprits des garçons qui te voient ?
- J'ai des projets pour ma vie et ces choses-là risquent de me distraire.
- Si tu as fait une option fondamentale dans ta vie, rien mais alors rien ne devrait t'en écarter.
- Merci pour le réconfort et l'encouragement. Dis-moi sincèrement, grand-frère, tu fais la même chose ? Je vais être plus directe : As-tu une amie ?
- Oui. Pourquoi cette question ?
- Parce que je te vois toujours très sérieux. Je parie que je la connais.
- Etre sérieux n'exclut pas avoir une amie. D'ailleurs, il est même conseillé d'être sérieux avant d'avoir une vraie amie.
- Je la connais ?
- Oui.
- C'est qui ?
- Attends le jour qu'elle viendra à la maison voir les parents, tu la verras. Je n'aurai pas besoin de te la présenter. Tu le constateras toi-même.
- C'est pour combien de temps votre amitié ?
- Dans mon entendement, l'amitié vraie n'a pas de fin. Elle m'aime, je l'aime et voilà tout.
- Tu as prononcé ce mot-là ! Oooh ! Grand-frère !
- Quel mot ?
- Celui que tu as prononcé deux fois : elle m… , je lmmm…
- Mais oui, je t'aime aussi.
- C'est différent.
- On en reparlera, petite sœur.

La conversation allait crescendo et devenait de plus en plus intéressante. Elle entendit et apprit des choses qu'elle considérait comme tabous. Tulihale était très content que sa petite sœur lui ait donné l'occasion de l'aider à grandir et à avoir un autre regard sur le monde qu'elle devait, bon gré mal gré, affronter. Sa curiosité, drapée d'innocence et d'ignorance normale, l'avait poussé à lui ouvrir les yeux sur une plus grande valeur dans les relations humaines, à savoir l'amitié. Celle-ci change de nom lorsqu'elle atteint un certain degré d'intimité et devient de l'amour. Ce dernier n'a pas de fin s'il est vraiment réel. C'est ce que Tulihale voulait montrer à sa sœur.

Quant à Lumoo, elle se rendit compte que le monde était plus que sa famille et son cher petit village de Ntsulo. L'initiation par sa mère ne suffisait donc plus à elle seule pour l'aguerrir contre les assauts d'un monde impitoyable, un monde dans lequel on n'a pas droit à l'erreur, un monde qui ne fait pas de cadeau. Bref, un monde dans lequel la vie est un combat qu'il faut à tout prix gagner, sinon il vous avale sans état d'âme. Lumoo, retint cette leçon pour le reste de sa vie. Elle se souvint assez rapidement de sa conversation avec Maîtresse Kaswera. C'était trop de choses à la fois pour son âge, se disait-elle. Aux âmes bien nées, la valeur n'attend point le nombre des années, dit-on. Cette maxime la réconforta.

- Après tout, si je peux faire toutes ces choses à mon âge, est-ce ma faute ?, se consolait-elle. Si Dieu m'a donné tous ces talents, je dois les mettre en pratique pour le bien de mes sœurs et frères. Ce n'est pas ma faute si je suis intelligente, belle, charmante, élégante, sensible, généreuse. Je voudrais tout simplement me rassurer que ce que je fais est utile. Les femmes ont trop souffert de la domination masculine. Chaque fois qu'il y a des troubles quelque part dans le monde, la femme est la première victime. Comment y mettre fin ? Mais en même temps comment concilier mes études, ma future carrière, le gender, le mariage et le respect de la tradition ? Peut-on être pleinement femme et mère et en même temps assumer le gender ? Est-il possible d'être une vraie femme africaine authentique et assumer de grandes responsabilités socio-politiques dans le monde moderne ?

Désormais, l'esprit de Lumoo n'avait plus de répit. Sa tête bouillonnait, surchauffée par toutes ces questions, par ailleurs importantes. Elle se demandait s'il fallait tout de suite s'engager dans le combat avec Maîtresse Kaswera ou s'il était mieux d'attendre d'avoir terminé la sixième année secondaire. Et si tout ceci n'était qu'une illusion ! Comment être à cent pour cent sûr qu'on est sur le bon chemin ?, se répétait-elle souvent. Maman Mali constata que sa fille était devenue très pensive, par moment rêveuse. Elle s'en inquiéta et profita un jour où elles étaient toutes seules à la maison pour lui en parler.

- Lumoo !
- Maman.
- Tout va bien ?
- Oui, Maman. Seulement que je …
- Je suis ta mère, dis-moi tout.

- Je ne sais plus où j'en suis. Je suis très emballée par les idées de Maîtresse Kaswera sur le gender et sur la lutte pour la valorisation de la femme. Je sens que je dois faire quelque chose. Mais un obstacle majeur se dresse sur mon chemin, l'âge.

- Continue, ma fille.

- C'est ça, Maman. Je ne peux pas me taire alors que Dieu m'a donné des talents pour les mettre au service des autres. Au fur et à mesure que les jours passent, je découvre des qualités en moi dont je ne peux pas m'enorgueillir. Ce sont des dons que je dois partager avec les autres femmes qui en sont dépourvues. Mais en même temps, je dois continuer à étudier pour développer tous ces talents et être plus efficace.

- Ma fille, je suis très contente. Ne te décourage pas. Dieu qui t'a comblée de tous ces dons, te montrera la meilleure façon de les développer et de les partager avec les autres. La prière quotidienne devrait être désormais ta règle de vie. En attendant, concentre-toi sur les études, tu seras d'autant plus utile à la société quand tu auras développé tes connaissances sur le monde.

- Il y a aussi les allusions de papa au mariage. Je me marierai peut-être un jour mais pour le moment ce n'est pas une priorité. Dans quelques mois je commence l'école secondaire et il est hors de question d'interrompre mes études pour quoi que ce soit. Le mariage est un engagement pour la vie. On ne peut pas y forcer quelqu'un.

- Ma fille tu as raison sur toute la ligne. Mais notre village et notre société n'ont pas encore changé. La femme joue toujours le rôle traditionnel d'épouse et de mère. Tu devras donc affronter les commérages et les quolibets de tout le monde, en commençant par ton père.

- C'est exactement cela le combat auquel je voudrais me joindre. La situation ne changera que s'il y a des femmes qui se lèvent pour dire non à l'inégalité de l'homme et de la femme, non à l'instrumentalisation de la femme, non aux violences contre la femme.

- Crois-tu, ma fille que c'est le moment ?

- Je saurai m'en sortir, Maman. Je vous promets que quand je serai à Ngoma je combinerai les études et le combat pour le gender. C'est pour moi une mission et un devoir. Il y a tant de souffrances que vous et les autres femmes endurez injustement. Je ne suis pas prête à mener la même vie.

- Je te souhaite grand succès dans tous tes projets. N'oublie cependant pas que tu seras à Ngoma pour les études. Je suis convaincue aussi que tu seras une grande dame dans quelques années.

-    Merci Maman pour votre encouragement et vos conseils. Je ne vous décevrai pas.

CHAPITRE VI. UN HUIT MARS VIOLÉ

Cette conversation eut un impact certain sur l'avenir de Lumoo. Elle était désormais lancée à l'assaut des injustices et des violences commises par la société des hommes contre la femme. Plus rien ne pouvait l'arrêter. Elle se garda cependant d'en parler à son père dont elle connaissait par ailleurs la position. Il était du genre *africain traditionnaliste,* convaincu que l'homme avait été créé par Dieu pour commander et dominer. Tandis que la femme était prédestinée à obéir et à toujours s'incliner.

Le sept mars de cette année-là, comme promis, Maîtresse Kaswera amena avec elle Lumoo à la manifestation organisée par Femme Plus Ou Moins, à la Maison des Jeunes de Ngoma, en prélude à la *Journée Internationale de la Femme.* Elle avait pris soin d'avertir les parents de Lumoo tout en ne **disant** pas la vérité au père. Elle avait dit qu'il y avait à Ngoma une célébration eucharistique pour les écoles primaires catholiques et que Lumoo devait faire la première lecture. N'eût été ce *saint mensonge,* Papa Mburashi n'aurait jamais accepté que sa fille aille tenir un discours sur le gender au milieu de toutes les femmes qu'il qualifiait de *désœuvrées* et d'*écervelées.*

La cour de la Maison des Jeunes était bondée de monde de tous les horizons : des femmes mais aussi des hommes venant de partout. Cette année-là, les manifestations étaient présidées par la Première Dame du pays. Des déléguées de toutes les provinces arrivaient de partout. L'enjeu était de taille. La présidente nationale de Femme Plus Ou Moins était déjà sur les lieux, car elle devait accueillir la Première Dame. Les hommes se trouvaient là pour différentes raisons. Certains étaient invités par les femmes, d'autres s'occupaient des travaux lourds. Il y en avait aussi qui assuraient la sécurité avec quelques femmes éléments de la Police Nationale. Les curieux suivaient la scène d'assez loin juchés sur les pierres de lave vomies par la dernière éruption volcanique de Nyiragongo, quelques années auparavant.

A la vue de la foule, Lumoo eut très peur et se demanda si elle ne s'était pas trompée en acceptant l'invitation de Maîtresse Kaswera. Celle-ci s'en rendit compte et la rassura. Tout se passera bien. Il y aura aussi l'intervention de deux autres jeunes filles, une de Kinshasa et une autre d'Isiro.

-   Viens Jeanne, je vais te présenter à la présidente nationale de notre ONG, FEPOM[35].
-   J'ai honte.
-   Viens. Ce sont des femmes comme toi.

Elle marcha juste derrière Maîtresse Kaswera, les pas hésitants et l'estomac en feu. Elle portait, pour la première fois deux pagnes et une blouse confectionnée par sa maman. Comme chaque année, les femmes avaient fait imprimer un pagne spécial pour marquer l'événement. On pouvait y lire : *Toutes pour l'abolition de la traite féminine. Unies pour défier les hommes. Non à la chosification et à l'instrumentalisation de la femme. Halte aux injustices et aux violences faites à la femme. Femme lève-toi.* Les femmes n'ayant pas les moyens suffisants, la facture avait été payée par le Gouvernement de Kinshasa à la Sotexki[36]. Maîtresse Kaswera avait acheté une pièce pour Lumoo, pour s'habiller comme tout le monde, en uniforme de circonstance.

-   Bonjour Maman Présidente.
-   Maman Kaswera. Commet vas-tu ?
-   S'il vous plaît, Maman, je voudrais vous présenter une des oratrices de ce jour, Mlle Jeanne Lumoo.
-   Enchantée de faire votre connaissance, Mlle Jeanne. On m'avait parlé d'une petite fille de l'école primaire. Est-ce bien elle ?
-   Oui, Maman. Malgré sa taille et sa corpulence, Mlle Jeanne n'a que douze ans et demi et elle est en sixième année primaire.
-   A peine croyable ! Formidable ! Je lui donnais facilement entre dix-huit et vingt ans. Comment vas-tu ma fille ?
-   Je vais bien, Maman Présidente.
-   Appelle-moi Maman Eyale, nous partageons le même destin, le même combat.
-   Merci Maman Eyale. Maîtresse Kaswera m'a souvent parlé de vous, de votre lutte pour le gender. Je tenais absolument à vous voir.
-   Eh ! bien me voici. Nous allons désormais cheminer ensemble.
-   Camarade Jeanne, sur quoi vas-tu nous entretenir ?
-   Je vais vous partager mes convictions sur la lutte pour la valorisation de la femme dans les milieux ruraux.
-   Oh ! Sujet très actuel et alléchant. Je suis sûre que les camarades vont apprécier.
-   J'espère bien. En tout cas c'est mon souhait.
-   Depuis quand es-tu membre de FEPOM ?

---

[35] *FEPOM* : Femme Plus Ou Moins.
[36] *SOTEXKI*: Société Textile de Kisangani.

-   Elle n'a pas encore adhéré, Maman Eyale, précisa Camarade Kaswera.
-   Et pourquoi ?
-   Vu son âge, nous avons pensé qu'elle pouvait garder le statut de collaboratrice externe.
-   Vous avez raison, mais on verra tout ça dans deux jours pendant la réunion d'évaluation des manifestations du huit mars. Je dois vous laisser. On me signale que notre hôte de marque est là.

Le remue-ménage et l'agitation de la foule vinrent interrompre cette conversation, à la grande satisfaction de Lumoo. C'était la toute première fois qu'elle se trouvait au milieu de ces grosses et grandes dames du pays. Toutes les femmes, membres des comités provinciaux de FEPOM, se rangèrent les unes à côté des autres pour accueillir la Première Dame. Il y en avait des délégations ! Depuis la grille d'entrée jusqu'à la porte de la salle, elles formèrent deux lignes. A sa grande surprise, on envoya une hôtesse l'appeler alors qu'elle se trouvait déjà dans la salle. Ne la connaissant pas, l'hôtesse s'adressa au service de protocole pour qu'on l'appelle par le microphone. La Camarade Secrétaire Provinciale de FEPOM Kasaï Occidental, chargée des annonces, hurla dans le micro :

-   Votre attention, s'il vous plaît. Votre attention, chers invités et chères camarades. La Camarade Jeanne Lumoo est instamment priée de se présenter auprès du protocole, sans tarder.

Elle répéta, le message deux fois. Lumoo hésita un moment se disant que c'était probablement une erreur. Mais au deuxième appel. Elle se leva et se présenta chez une dame qui portait un macaron du protocole. Cette dernière la pria de la suivre. Toute la salle chercha à voir cette personne qu'on appelait de toute urgence. Les yeux l'assaillirent de regard. Quelques hommes, friands de ce genre de créature, se mirent à rêver et à la dévisager de la tête jusqu'aux orteils pendant qu'elle gravissait les marches de l'escalier vers l'extérieur. Certains furent pris de *palpit*[37], comme on dit à Kin. Elle faillit perdre l'équilibre, tellement tout le monde se retournait pour l'admirer. Sa démarche ébranla plus d'un. Elle fut tout de même soulagée, car une hôtesse marchait derrière elle. Evidemment, personne ne pouvait s'imaginer qu'elle n'était qu'écolière.

En apercevant les camarades impeccablement rangées de chaque côté de l'allée, la gêne de Lumoo décupla. La connaissant, Camarade

---

[37] C'est tout simplement *palpitations* (*cardiaques*) que dans certains milieux à Kinshasa on abrège en lui ajoutant ainsi une nuance : perdre le contrôle de ses sentiments, de ses émotions, face à une situation, quelle que soit sa nature.

Kaswera s'approcha d'elle et lui souffla que Maman Eyale la voulait parmi les camarades qui serreraient la main de la Première Dame. Elle frôlait le deuxième évanouissement de sa vie, après celui de la réunion familiale. Après quelques secondes de voyage dans le vide, elle revint à elle et se mit à ajuster son pagne de dessus et sa blouse. Elle demanda à la Camarade Kaswera si ses cheveux étaient bien arrangés. Elle portait pour la première fois des souliers à hauts talons. Elle devait donc faire très attention pour ne pas tomber.

- Confiance, Jeanne. Tout ira bien. Tu es splendide ! Quelle élégance !
- Merci Maman Maîtresse.
- Ici je ne suis pas Maîtresse. Appelle-moi Camarade Kaswera.
- D'accord, Camarade.
- Et que faudra-t-il faire quand la Première Dame sera en face de moi ?
- Elle vous tendra la main pour vous saluer. Et vous lui direz votre nom et votre fonction.
- Je n'ai pas de fonction. Je suis écolière.
- Tu lui diras ceci : Je m'appelle Jeanne Lumoo, écolière en sixième année primaire à Ntsulo.
- C'est tout ?
- Oui, c'est tout. Elle vous dira certainement quelque chose et puis elle passera à la camarade suivante.
- Merci Camarade.

Sur ces entrefaites, la Première Dame fit son entrée sur la cour. Les journalistes, les photographes, les policiers, les ampicillines[38], les hôtesses … se bousculèrent sur le périmètre de la cour, chacun faisant son travail. Les badauds tentèrent d'escalader le mur sommairement construit, mais ils se heurtèrent à la ceinture de sécurité des ampicillines et des policiers armés jusqu'aux dents, pour rien en fait. Mais la psychose de l'insécurité chroniquement entretenue à Ngoma, et ses environs, planait sur la manifestation.

La Camarade Eyale, se tenait à côté du Gouverneur de Province et président d'honneur d'une des nombreuses milices tribales du coin. Le protocole prévoyait que la Première Dame serait accueillie, juste à l'entrée de la cour, par le Gouverneur, le Bourgmestre et Maman Eyale. C'était un spectacle haut en couleurs, au propre et au figuré.

---

[38] C'est ainsi que les habitants de Kinshasa appelaient les éléments de la garde présidentielle puisqu'ils portaient une tenue noire et un béret rouge ; allusion à la capsule d'ampicilline généralement faite d'une partie noire et d'une autre rouge.

Toutes les mamans portaient l'uniforme du jour, sauf bien sûr celles qui n'avaient pas pu s'en procurer, vu le prix fixé par le gouvernement pour rentrer dans ses frais. Une pièce de six yards coûtait la bagatelle somme de vingt-cinq dollars américains. Dans le village de Ntsulo et ses environs de très loin, on avait pris l'habitude de ne parler que de dollars dans les affaires. Même au petit marché du plus petit quartier de Ngoma et d'ailleurs, les tomates et le piment se vendaient en dollars américains.

La mise en place était irréprochable. Elle était l'œuvre de la Camarade Mbuyi, Secrétaire Provinciale de FEPOM Kasaï Oriental. Rien n'avait été laissé au hasard. Elle avait du caractère, cette dame ! Ceux qui la connaissaient dans le privé, disaient que c'était elle qui portait la culotte à la maison ! De toutes les façons au sein de beaucoup d'ONG, style gender, il y en avait bien d'autres qui avaient ravi les culottes à leurs maris. Bref, elle s'imposait par son savoir-faire et sa prestance.

La Première Dame fit son entrée. Elle était belle, resplendissante, élégante et aimable. La tenue du jour lui allait parfaitement bien. Après les formalités d'usage, elle commença le passage des camarades en revue, en compagnie de la Camarade Eyale. A chaque salutation, la Camarade Première Dame ajoutait un petit mot d'encouragement ou de curiosité. Des mots qui en eux-mêmes ne signifiaient rien de particulier mais répondait à une coutume protocolaire. Ce fut bientôt le tour de la Camarade Kaswera et de la sympathisante Jeanne Lumoo. La tension montait et la nervosité aussi.

Les mains de Lumoo étaient moites et tremblantes. Elle n'avait pas prévu de mouchoir, ni en papier ni en tissu. Sa compagne lui en fournit un paquet de dix. Elle n'eut pas le temps de s'éponger les mains car la Première Dame était déjà avec la Camarade Kaswera. Lumoo ne fit pas très attention à leur brève conversation. Elle était occupée à répéter sa petite leçon. Et voilà !

- Maman Présidente, voici Mlle Jeanne Lumoo, dit Maman Eyale.
- Bonjour Mlle Jeanne.
- Bonjour Maman Présidente. Je m'appelle Jeanne Lumoo et je suis en sixième année primaire.

Ces propos attirèrent l'attention de l'Hôte de marque qui s'arrêta un moment. Lumoo tremblait de tous ses membres. Mais voyant que toute l'assistance avait les yeux braqués sur elles, elle reprit son souffle et son calme. Les caméras et les appareils photo les mitraillaient à volonté. Elle ne pouvait plus compter sur son amie Kaswera ni sur qui que ce soit. Elle était seule, plantée devant l'épouse du Président de la

République, une dame dont tout le monde disait du bien. Elle avait entendu parler d'elle. Certains racontaient même qu'elle aurait grandi dans le coin. Peu importe, elle était devant elle, intéressée à sa personne. Que va-t-il se passer maintenant ? Que va-t-elle faire ?, se demandait Lumoo. Les manifestations étaient diffusées en direct par la Radio-Telévision Nationale et Digitalcongo. Mais Lumoo ne le savait pas et n'aurait jamais voulu le savoir. C'était mieux pour elle. L'âge de la petite, sa corpulence et sa personnalité firent bonne impression sur la Maman Présidente qui n'en revenait pas de voir une si jeune fille engagée dans le combat gender. Elle tint à en savoir un peu plus.

- Quel âge as-tu, petite sœur ?
- J'ai douze ans et demi, Maman.
- Intéressant ! Douze ans et demi ! Qui le croirait ? Et comment te trouves-tu ici ?
- Maman Kaswera m'a invitée à partager mes réflexions sur la lutte pour la revalorisation de la femme dans les milieux ruraux.
- De quel milieu rural viens-tu ?
- De Ntsulo, Maman.
- J'ai été plusieurs fois à Ntsulo lorsque je faisais encore le commerce des bisamunyu39 et de légumes, il y a quelques années.
- J'ai entendu parler de vous dans notre village.
- Ah oui ! Qui sont tes parents à Ntsulo ?
- Mes parents sont Papa Mburashi et Maman Mali.
- Maman Mali ! Ce n'est pas possible ! Nous avons acheté plusieurs fois ses bananes. Je la connais très bien. Salutations à ta maman. On y reviendra, ma fille.
- Merci Maman Présidente.

La Première Dame fit signe à sa secrétaire particulière de prendre les coordonnées de Lumoo. Celle-ci était aux anges. La peur et la nervosité avaient cédé la place à la joie et à l'exaltation. Le monde s'était arrêté pour la regarder. Elle n'était plus la petite fille inconnue, tout au fond de la brousse. L'assistance fut intriguée par les longues minutes que Maman Présidente passa à parler à Lumoo. C'est alors que tout le monde se mit à la recherche des informations pour savoir qui elle était et d'où elle venait. Lorsqu'ils apprirent qu'elle étudiait en sixième année primaire, ils n'en revinrent pas et pensèrent qu'elle trichait, qu'elle cachait son âge réel. Cette scène alimenta les conversations dans tous les cercles. Les femmes, les hommes, les

---

[39] *Bisamunyu*, pluriel de *kisamunyu*. C'est une variété de banane douce consommée dans la région des Grands Lacs. Elle se mange cuite (bouillie) de haricots, de petits pois, de viande ou de poisson.

enfants, les officiels et même les ampicillines et les policiers se posaient tant de questions sur l'avenir de cette petite fille qui avait pourtant l'allure d'une grande fille.

- *Ni mutoto wa nani ?*, demandaient les uns.
- Sijue, répondaient les autres.
- *Alisema kwabo ni Ntsulo.*
- *Haiwezekani. Ntsulo ?*
- *Ndiyo sasa !*
- *Na weye ni bongo!*
- *Haki ya Mungu.*
- *Si na weye ujimuuliziye.*
- *Sitaki yangu*[40].

Le temps passait très vite. A présent que le passage des camarades en revue était terminé, tout le monde se dirigea vers la salle. Entretemps les Camarades Eyale Kaswera et la Première Dame firent venir Lumoo en attendant que tous les invités soient confortablement assis dans la salle. Lorsque la secrétaire particulière de la Première Dame lui annonça qu'on l'attendait dehors, son sang se glaça, non par frousse mais par émotion. Que se passait-il pour qu'on la rappelle alors qu'elle s'était déjà installée à la place des intervenantes ? Elle se posa mille et une questions pendant qu'elle se faisait escorter par la secrétaire et une hôtesse. Elle n'était plus tellement une inconnue. Mais l'énigme restait entière.

Les membres de FEPOM, elles-mêmes étaient prises de court par l'irruption de cette petite fille, jamais vue auparavant. Les gardes du corps lui créèrent difficilement un passage pour arriver là où les trois grandes dames l'attendaient. Tout le monde voulait voir et parler, si possible, à la Maman Présidente que certains reconnaissaient très bien. Arrivée tout près de Kaswera, celle-ci lui fit signe que c'était leur Hôte de marque qui voulait lui parler. Elle s'avança timidement et salua de nouveau tout en disant :

---

[40]   C'est le swahili typique du coin :
- *Qui sont ses parents ? ou De qui est-elle l'enfant ?*
- *Je ne sais pas.*
- *Elle a dit qu'elle est de Ntsulo.*
- *C'est impossible. De Ntsulo ?*
- *C'est pourtant vrai* (ici la tournure *sasa* est intraduisible en français).
- *Toi aussi, tu mens* (difficile de rendre fidèlement la tournure en français).
- *Au nom de Dieu* (littéralement : *la vérité de Dieu*).
- *Demande-lui toi-même* (la nuance est absente de la traduction).
- *Je ne veux pas.*

- Maman, je suis là.
- C'est bien, je voulais qu'on parle en tête à tête.
- Ici, Maman ?
- Non, à ma résidence. Aujourd'hui ce sera très difficile. Mais demain après-midi, ça va ?
- Maman, je ne saurais pas vous le promettre. Mes parents sont très exigeants, je ne suis pas sûre qu'ils me laissent venir.
- J'arrangerai ça avec Maman Mali.
- Elle n'a pas de téléphone, Maman.
- Ce n'est rien, mais toi tu en as un ?
- Pas encore, Maman.
- D'accord, je vais demander à un de mes chauffeurs de te raccompagner à la maison avec une note. Ça ira comme ça, ma fille ?
- Je l'espère, Maman.

Le combat pour le gender faisait son petit bonhomme de chemin dans la vie de Lumoo comme de la blague. Elle n'y croyait pas encore vraiment, tellement les événements se succédaient les uns après les autres à un rythme qui laissa coite Maman Kaswera. Elle se sentait un peu responsable d'avoir poussé, trop tôt, la petite sur la scène publique. Quelles en seraient les conséquences ? Elle avait menti à Papa Mburashi pour avoir Lumoo à Ngoma. Etait-il encore possible de cacher la vraie raison pour laquelle Lumoo, avec la complicité de sa mère, se trouvait actuellement au centre d'une aventure dont elle ignorait absolument le dénouement. Kaswera venait de constater que les manifestations étaient retransmises en direct par la RTNC[41] et Digitalcongo.

Et si Papa Mburashi voyait sa fille apparaître subitement à la télé ? Et si les frères de Lumoo la voyaient à la télé ? Et si les amis de Papa Mburashi, disséminés à travers la République, l'appelaient pour lui dire d'ouvrir la télé pour voir sa fille ? La réponse à toutes ces questions mettait Maman Kaswera dans une position inconfortable. Il n'était plus possible de reculer. Tout était consommé. Le vin était tiré, il fallait le boire, sans en oublier les conséquences inévitables.

La salle était pleine à craquer. Toutes les couches sociales féminines étaient représentées : les femmes de la territoriale, de la magistrature, de la santé publique, de l'enseignement, des milieux ruraux, des confessions religieuses, les consacrées, les maraîchères, les commerçantes … La manifestation commença par l'hymne national chanté et accompagné par la fanfare de l'Eglise Kimbanguiste. Ensuite, la Maman Bergère du Groupe Charismatique de la Paroisse Notre

---

[41] Radio-Télévision Nationale Congolaise.

Dame du Mont Carmel, fit une très longue prière de louange et d'action de grâces. La foule répondait, par intermittence, par *Amen*.

Lumoo revoyait, mentalement, sa petite communication dont elle avait couché les idées principales sur un bout de papier arraché de son cahier d'exercices de français. Elle était classée deuxième sur la liste de trois intervenantes. Bien sûr, la Camarade Eyale fit le mot de bienvenue et de circonstance. Elle fut très applaudie par toute la salle. La modératrice invita ensuite la fille d'Isiro à monter sur le podium et à prendre la parole. Elle était petite de taille et plutôt de teint sombre, l'air timide et pourtant sûre d'elle-même. Elle devait avoir entre dix-huit et vingt-deux ans. Elle parla de toutes les atrocités que subissaient les femmes dans les contrées de Wamba, de Bunia, d'Isiro, de Dungu, de Mahagi, de Bondo et de Buta. Toutes ces régions ployaient sous l'insécurité semée par des dizaines de milices armées qui y semaient la terreur et la mort.

Les miliciens et même les militaires de l'armée régulière, terrorisaient les populations, tuaient, pillaient, brûlaient tout sur leur passage. Mais le comble, dit l'oratrice, c'est que tous ces brigands ne résistent jamais devant une femme, quel que soit son âge. Ils violent atrocement, animalement et sauvagement tout être de genre féminin, même les folles et autres malades, à la maison ou à l'hôpital. Ce qui est écœurant, poursuivit-elle, c'est que ces animaux dangereux ne se contentent pas de violer. Ils *détruisent* littéralement le corps de la femme. Elle s'arrêta et tira un petit mouchoir blanc de sa jupe-pagne pour essuyer les larmes qui coulaient déjà sur ses joues encore sans rides.

Les femmes, dans la salle, ne purent retenir leurs larmes. On eût cru à un deuil qu'on venait d'annoncer. Chacune pleurait à sa façon, dans sa langue maternelle. Des cris et des gémissements envahirent la salle. Les quelques hommes présents, pleurèrent aussi on ne sait trop pourquoi. Peut-être par solidarité, par émotion ou par culpabilité. Les ampicillines et les policiers firent semblant d'être de marbre, mais ne purent se contenir longtemps. N'ayant pas de papier mouchoir tout près, ils essuyaient leurs larmes avec les manches de leurs casaques.

Lumoo se crut tout à coup sur la scène de ces violences. Son esprit voyagea, en quelques secondes jusqu'en Ituri. Elle se voyait admonester les violeurs et consoler les violées. La Première Dame pleura à en remplir un seau. Elle n'utilisa pas moins de deux paquets de papier mouchoir. Personne ne s'occupait de l'autre. Sa secrétaire particulière, son officier d'ordonnance d'apparence masculine, les gardes du corps féminins, toutes furent prises du même malaise. Le Gouverneur de Province fit semblant de maîtriser la situation en fixant le plafond et de temps en temps le sol. En un certain moment, et alors que les autres se calmaient déjà, il éclata en sanglots. Il monologuait en disant, tout en pleurs comme un petit enfant :

- Ils ont violé ma petite sœur à Komanda. Ils l'ont violée, les salauds. Ooooh ! Iiiiiiiiiih ! Ils l'ont violée, weeeeeeh ! Aaaah, les sauvages, les cons ! Ils ont aussi violé ma belle-mère à Walungu ! Ils iront tous en enfer ! Mungu[42] weeeeeh ! Qu'est-ce que la vieille leur avait fait, les salopards !

Les pleurs du Gouv[43] relancèrent de plus belle les clameurs. Cette fois-ci même ceux et celles qui s'étaient maîtrisés jusque-là ne purent retenir leurs larmes. La foule, à l'extérieur, ne comprenant pas ce qui se passait, se précipita à la porte de la salle pour tenter de s'informer. Ceux qui réussissaient à saisir de quoi il s'agissait rentraient à l'extérieur en pleurant à chaudes larmes. Par contagion, toute la cour se transforma en un vaste concert désagréable. Les passants qui allaient et venaient vers Birere en passant par Mundo Giusto, s'arrêtaient pour s'enquérir de la situation. On pouvait voir certains passants continuer leur chemin en pleurant, se souvenant d'une cousine, une sœur, une tante, une connaissance violée ici ou là, du nord au sud, de l'est à l'ouest.

Bientôt, on retrouva des pleureurs sur toutes les avenues. Certains de ceux qui pleuraient ne savaient pas exactement pourquoi ils pleuraient. D'autres pleuraient en voyant leurs voisins pleurer, les croyant avoir reçu une mauvaise nouvelle. En une demi-heure, toute la Ville de Ngoma, absolument toute la Ville, plongea dans un deuil inattendu, inopiné. Les reporters de la RTNC et de Digitalcongo, continuèrent à balancer leurs images et leurs commentaires en direct. Mais brusquement, il n'y eut plus de signal, car eux-mêmes étaient rentrés dans la danse, incapables de continuer à jouer aux malins et aux professionnels.

Panique au Quartier Général de Digitalcongo à Binza Pigeon, dans la Commune de Ngaliema à Kinshasa. Plus de signal venant de Ngoma. Le Directeur Général, qui se trouvait là par hasard, tenta de joindre le chef d'équipe de reportage sur place, le téléphone sonnait dans le vide. Il essaya d'appeler son collaborateur de la station de Ngoma, même chose. Il se souvint tout de suite que la Première Dame se trouvait dans la salle. La panique décupla. La Présidence de la

---

[42] *Mungu*, en swahili, veut dire Dieu.

[43] Un certain zèle et un prosélytisme opportuniste veulent qu'on dise *Gouv* au lieu de Gouverneur, car ça fait un peu classe. C'est une forme de flatterie à peine voilée.

République l'appela pour demander ce qui se passait. Les suppositions les plus fantaisistes commencèrent à propos d'un attentat contre la Première Dame. Remue-ménage à la Présidence, au Gouvernorat de Ngoma, partout. Les réseaux Celtel, Vodacom, Cct, Oasis[44] furent lamentablement saturés d'appels. Leurs serveurs n'avaient jamais été aussi fortement sollicités.

A la RTNC, la situation n'était guère meilleure. Le Ministre du Tam-Tam, incapable de joindre par téléphone, le Directeur Général, se rendit en trombe sur le site de Lingwala pour s'enquérir de la situation. Lui-même était assailli par des appels. Tous ceux dont des proches s'étaient rendus à Ngoma pour la Journée Internationale de la Femme, s'inquiétaient et tentaient, par tous les moyens, de les joindre. Les téléphones sonnaient mais ils étaient couverts par le vacarme des pleurs et des cris stridents qui sortaient de la salle et de toute la Ville. Les quelques rares personnes qui entendaient les sonneries de leurs téléphones ne pouvaient cependant pas communiquer à cause des bruits autour d'eux. Ils essayaient de s'en éloigner mais la situation était pire partout.

A Katindo, Ndosho, Himbi, Kyeshero, Kituku, Virunga, Majengo, Ngangi, Katoyi, Muja, Munigi, Birere, Mabanga, Office, Saint-Esprit, partout des pleurs, des cris. Les familles d'Erikafu qui connaissaient beaucoup de gens à Ngoma appelèrent, peine perdue. Elles se mirent aussi à pleurer. A Kisangani, Yangambi, Basoko, Isangi, Ubundu, Opala, Mbandaka, Gemena, Lisala, Molegbe, Zongo, Bandundu, Inongo, Kikwiti, Payi, Kisantu, Kipaku, Mbanza Ngungu, Matadi, Boma, Kananga, Tshikapa, Mbuji-Mayi. Kabeya Kamwanga. Lodja, Tshumbe, Lubumbashi, Kalemie, Manono, Kolwezi, Kindu, Kasongo, Kalima, Lubutu, chaque famille avait quelqu'un à Ngoma, soit pour la manifestation du jour soit pour les affaires ou encore comme fonctionnaire de l'Etat.

Ne réussissant pas à avoir des informations fiables de leurs proches, ils se mirent tous à pleurer. Tout le pays était sens dessus dessous. Les plus sceptiques disaient qu'ils ne pouvaient pas pleurer avant de savoir ce qui s'était réellement passé. Certains pensaient que c'était le volcan en éruption qui avait brouillé toutes les communications. D'autres disaient que des éléments de la nième rébellion s'étaient emparés de la Ville et avaient coupé toutes les communications nationales et internationales.

---

[44] C'était toutes des entreprises qui opéraient dans le secteur de la téléphonie cellulaire. Entretemps Celtel est devenu Zain puis Airtel, Cct est devenu Orange et Oasis est devenu Tigo.

Les plus cartésiens supposaient qu'un pays voisin avait envahi la Ville pour s'emparer de la Première Dame afin de l'échanger contre l'abandon des poursuites à l'endroit d'un certain Roland Nkundabana. Ce dernier, accusé par certaines autorités du pays et une partie de la communauté internationale, d'avoir violé des milliers de femmes au Nord et Sud Kivu, se la coulait douce dans une villa *Coltan* dans un pays *très voisin*. Lui et ses troupes se vantaient d'avoir *visité* toutes les femmes du coin, sans distinction d'âge ni de tribu ni de classe sociale. D'après eux, les survivantes en gardaient des souvenirs inoubliables dans leur chair. Ses amis restés au pays, tirant le diable par la queue, juraient que si la CPI[45] était incapable de l'arrêter, ils s'en chargeraient eux-mêmes.

Les plus pessimistes avançaient que le gaz méthane du Lac Kivu s'était échappé en masse de ses réservoirs souterrains et avait asphyxié tous les habitants de Ngoma et de ses environs, à l'exception d'une ville étrangère voisine de Ngoma.

Aux yeux de certains, cette hypothèse fantaisiste ne tenait pas la route car un correspondant de la BBC[46] reportait en direct sur la Journée Internationale de la Femme, dans une ville étrangère, à une enjambée de Ngoma. Le Président de la République décida de se rendre sur place pour non seulement son épouse mais aussi et surtout par devoir d'Etat. Il espérait qu'au moins à la tour de contrôle, il y aurait quelqu'un pour guider l'avion, son avion. Paradoxe ahurissant ! Les femmes et leurs invités qui étaient dans la salle de la Maison des Jeunes et sur la cour, ignoraient tout de ce qui se passait autour d'eux et dans tout le pays. L'émotion très profonde dans laquelle les mots de la déléguée d'Isiro les avaient plongés, les avait coupés du reste du monde.

Le concert des pleurs, des cris, des gémissements, des incantations, des injures … assourdissait toute l'assistance. On pouvait entendre, pêle-mêle, ce qui suit :

- Ils ont violé ma femme !
- Ils violé ma grande sœur.
- Ces inciviques ont violé puis tué ma mère.
- Ces malfrats n'avaient aucun état d'âme. Ils ont violé ma fiancée sous mes yeux.
- Ils sont venus et d'un coup ils ont sauté sur moi. Et puis ils … ils … Aiii ! Mama weeh !
- Ils étaient plus de dix et ils ont vi … vio … vio …

---

[45] Cour Pénale Internationale.
[46] *British Broadcasting Corporation.*

- Ils ont violé aussi ma grand-mère et ma tante maternelle. Aaaaah !
- Ils le payeront cher, très cher.
- Les voilà, ils sont là, ils arrivent … Au secours, au secours …
- Ils m'ont rendu orpheline.
- Ils portaient l'uniforme militaire, ils avaient des armes, ils m'ont torturée.
- Dieu les punira.
- Justice, justice, justice ! Où est la justice ?
- Tuez-moi au lieu de me violer ! Je vous en prie, tuez-moi, tirez sur moi.
- Je suis encore gamine ! Vierge ! Je ne veux pas ! Ooooh !

Personne ne faisait attention à ce que l'autre disait. L'oratrice tenta de ramener le calme et la sérénité dans la salle. Mais elle se découragea en voyant l'ampleur de la situation. Elle attendit patiemment après avoir essuyé les dernières larmes en entendant une jeune fille crier : *Tuez-moi au lieu de me violer.* Elle se sentit coupable et responsable de tout ce qui se passait. Sa conscience lui reprochait d'avoir déclenché cet océan de pleurs et de lamentations. Un instant elle se dit que tout était grâce. Au moins son message avait été capté cinq sur cinq. Son objectif était atteint. Et pourtant elle n'avait pas encore terminé son adresse.

Lumoo n'en revenait pas, elle était complètement sidérée. Il y a donc des horreurs qui se passent dans le pays sans que personne ne s'en émeuve ! Elle avait entendu parler des atrocités de Kasika, Makobola, Fizi, Kampene, Kipaku, Bunyakiri, Kabare, Masisi, Walikale et d'ailleurs mais elle ne pouvait pas s'imaginer que les mêmes horreurs se produisaient même dans la Province Orientale. Elle pleurait à l'idée que cela aurait pu lui arriver et peut-être aussi à sa mère et à des femmes qu'elle connaissait.

Les camarades organisatrices aidèrent l'oratrice à ramener le silence dans la salle et à l'extérieur. Certaines sanglotaient encore lorsque d'une voix forte et ferme la Camarade Eyale vociféra :

- Plus jamais ça ! Chères camarades, plus jamais ça !

Et toute l'assemblée répéta en chœur :

- Plus jamais ça ! Plus jamais ça !

Après près de deux heures de chaos total, de débandade nationale et de deuil contagieux, les choses commencèrent à revenir progressivement à la normale. Les reporters se réveillèrent et se rendirent compte qu'ils avaient été déconnectés de leurs chaînes mères. Ils s'affairèrent à rétablir le contact.

-   Nous avons de nouveau le signal de Ngoma, s'écria un journaliste au siège de Digitalcongo.
-   Allô Ngoma !
-   Allô Kinshasa !
-   Vous nous entendez ?
-   Cinq sur cinq.

Le Directeur demanda au reporter de Ngoma d'expliquer tout de suite ce qui s'était passé pour apaiser toute la nation. Avant toute chose il prit soin de demander si la Première Dame était saine et sauve. La réponse du reporter le rassura et d'ailleurs elle fut la première à apparaître sur les écrans TV. Elle essuyait les dernières traces de larmes sur les joues qui avaient perdu tout le maquillage du matin. Elle ouvrit son sac à main et en tira un téléphone cellulaire, dernier cri, portant l'inscription *Not made in China*. Elle constata que son cher époux l'avait appelé cent fois et avait fini par lui laisser un message sur le répondeur et envoyé un *sms* en disant :

-   Chérie, je ne sais pas où tu es et si tu es encore vivante. Nous n'avons réussi à contacter personne à Ngoma. Tout le pays est en émoi. Il y a le deuil et les pleurs partout. Je ne sais que faire. J'ai essayé d'appeler mon collègue de l'autre côté mais le système m'a répondu : *Le numéro que vous avez appelé n'existe pas*. Alors j'ai décidé de prendre l'avion pour venir à Ngoma. Je suis en route. Les enfants te saluent. Je t'aime et à tout à l'heure.

Ce message la troubla et elle se rendit compte alors de ce qui venait de se passer.

Les reporters se concertèrent pour décrire très brièvement la situation :

-   Chers auditeurs et chers téléspectateurs, vous êtes en direct de Ngoma, cette ville anciennement touristique, l'ex Suisse d'Afrique. Vous suivez en direct les manifestations socio-culturelles de la Journée Internationale de la Femme, ici à la Maison des Jeunes. Nous sollicitons votre pardon pour la coupure du signal de tout à l'heure. Elle était due à une panne de courant. Il a fallu presque deux heures pour que les vaillants techniciens de la SNEL (Société Nationale d'Electricité), remettent une phase en marche grâce à laquelle nous venons de rétablir le contact avec vous. Tout se passe très bien et c'est véritablement une journée haute en couleurs. Nous vous promettons de vous la faire vivre comme si vous étiez ici sur place. Vous ne raterez rien. Bonne position d'écoute. Votre fidèle serviteur, Thierry Mabika, pour Digitalcongo, Ngoma.

Ce message sema le trouble dans tous les esprits, du moins à Ngoma où l'événement se passait.

-   Pour une histoire de coupure de courant électrique, les gens ne pouvaient pas répondre au téléphone ! Bizarre !, se disaient certains qui venaient de suivre le message.

-   Il y a un problème réel que le journaliste ne veut pas dire à la télévision, disaient d'autres.

La vérité n'allait pas tarder à s'imposer. Quel intérêt avait le journaliste à la travestir et à induire toute une nation en erreur ! Les services de renseignements nationaux réussirent à câbler la Première Dame pour lui annoncer l'arrivée imminente du Président. En effet, la confusion avait duré plus de deux heures et Ngoma se trouve à un peu plus de deux heures de la Capitale, à vol d'oiseau. Entretemps, le journaliste qui avait parlé de panne électrique, n'avait plus la paix. Son chef direct lui demandait de démentir ce qu'il avait dit car visiblement ça devait être plus qu'une simple coupure de courant électrique.

L'oratrice, elle, avait repris son témoignage, ne sachant rien de la situation à l'extérieur de la salle :

-   Chers compatriotes, nous les femmes, sommes menacées d'extinction dans certains coins de la République. Il y a trop de *braconniers* à la recherche de la gent féminine. Ils n'auront la paix que quand ils l'auront complètement exterminée. Toutes les femmes qui sont dans cette salle sont toutes candidates au viol et à une mort brutale. Il y en a probablement qui ont déjà été victimes de cette chasse à la femme parmi nous. Que faut-il faire pour que les hommes cessent de nous violer et de nous tuer ? Que faut-il faire pour rendre justice aux nombreuses victimes dont les vies sont à jamais brisées ? Femmes de la RDC et du monde, levez-vous. Criez fort, très fort ! Peut-être que de bonnes volontés vous entendront et voleront à votre secours pour arrêter cette ignominie. Heureusement que notre Chère Maman Présidente est au milieu de nous. Elle transmettra au Président de la République le cri des femmes du Grand Kivu[47], de l'Ituri, des Uélé, du Nord Katanga, du Nord Equateur ... qui implorent son intervention et celle des grands de ce monde qu'il côtoie dans le cadre de ses fonctions. N'oubliez pas, Maman Présidente, de lui parler aussi de toutes les compatriotes dont la féminité est violée quotidiennement lors des fouilles intimes à la frontière angolaise par des agents sans foi ni loi, à la recherche du diamant. Maman Présidente, vous lui direz aussi que les crimes commis ne peuvent plus être effacés mais que les femmes demandent que justice soit faite, que les auteurs de ces crimes

---

[47] Dans certains milieux, le Grand Kivu désigne les Provinces du Maniema, du Nord Kivu et du Sud Kivu, issues du découpage de l'ancienne Province du Kivu.

contre l'humanité soient déférés devant les cours et tribunaux du pays et d'ailleurs. Je ne parle pas au nom de notre ONG, car je n'en ai pas reçu le mandat, mais au nom de toutes les femmes violées, de celles qu'on viole maintenant et de celles qui vont l'être. Je vous remercie pour votre aimable attention. Toutes mes excuses pour l'incident de tout à l'heure et pour la longueur de mon partage. A bas les viols ! A bas les violences contre les femmes. Vive la RDC.

La salle fut électrisée. Des applaudissements fusèrent de partout. Les femmes étaient visiblement très émues. Certaines reprirent le papier mouchoir pour effacer les traces de larmes qui reprenaient après ces derniers mots pathétiques de la jeune fille d'Isiro. Chacune se souvint de son propre sort. L'oratrice avait su toucher le fond du cœur de chacune. Effectivement, dans l'assemblée il y avait des femmes qui avaient déjà été violées mais qui n'osaient pas en parler pour échapper à la stigmatisation et au bannissement par leur famille et la société. Elles étaient nombreuses celles qui portaient encore dans leur chair les marques indélébiles des violences sexuelles subies avant, pendant et après le viol.

Mais comment sortir de l'anonymat et oser en parler ? A quoi servirait d'ailleurs un tel exercice puisque les auteurs de ces crimes continuaient à commettre les mêmes actes dans les forêts et les savanes de l'Est du pays ? Le témoignage de l'oratrice, venue d'une région où le viol était utilisé au quotidien comme arme de guerre, libéra les esprits et les énergies de toutes les victimes qui participaient aux manifestations. Le spectre du viol planait dans la salle et sur toute la Ville de Ngoma. Chaque femme se considérait désormais comme une victime potentielle de cet acte barbare, digne de ceux qui ont perdu la raison et tout sentiment humain. Dès qu'un homme passait, les femmes se retournaient pour l'épier, par peur et par instinct de protection.

Une véritable misandrie se développa au sein de la population féminine. Même les femmes mariées fuyaient leurs maris légitimes, de peur d'être violées. Les hommes invités par les femmes crurent un moment que c'était à eux qu'on s'adressait. Les plus courageux se levèrent et disparurent à qui mieux-mieux pour se soustraire à un éventuel lynchage public. Le Gouverneur put résister car il était plongé dans des pensées mornes, ayant perdu deux membres de sa famille violées puis tuées à Mangurudjipa.

Lumoo eut l'impression d'avoir été témoin de plusieurs milliers de viols à la fois. Elle était troublée et se demandait si elle réussirait à parler car c'était son tour. Elle souhaitait que les ovations et les félicitations venant de toute la salle durent très longtemps pour qu'on saute sa présentation. Un malaise inexplicable lui étreignait la gorge et elle sentait ses membres se désagréger et la quitter. Maman Kaswera la regarda, inquiète, perturbée elle aussi par ce qui venait de se dire. Elle s'avança vers elle et lui souffla à l'oreille :

- Courage, Jeanne. Je suis avec toi.
- Merci Maman Kaswera. J'ai vraiment besoin de votre soutien. Je suis troublée. Pourquoi tout ça ! Mais pourquoi toujours les femmes !
- Le monde est ainsi fait. L'ingratitude est son lot quotidien. La femme donne la vie et on la récompense en l'humiliant et en lui ôtant sa propre vie. Tant qu'il y aura des violeurs en libre circulation, nous n'aurons pas de répit. Nous avons le devoir de nous battre pour sauver les autres femmes exposées, dans leur vie de tous les jours au viol et à toutes ses conséquences.
- Oui Maman Kaswera. Nous devons nous battre. Qui sait si la prochaine victime ce ne sera pas vous ou moi.

Ces derniers mots de Lumoo plongèrent Maman Kaswera dans un profond silence méditatif. Elle ne résista pas aux sanglots qu'elle essaya de couvrir par des toussotements. Lumoo s'en rendit compte et lui demanda :

- Maman Kaswera, vous allez bien ? Tout va bien ?
- Eh ! Oui, ma fille, je vais bien.
- Vous pleurez ?
- Excuse-moi, Jeanne. Je me souviens de …
- Je ne voulais pas vous faire de la peine. Je n'aurais pas dû revenir sur les événements douloureux dont nous venons d'entendre le témoignage.
- Je me souviens de …
- De quoi, Maman ?
- D'eux, de …
- Eux qui ?
- Ils sont venus à la maison, la nuit et puis …
- Je suis désolée, Maman Kaswera. Je ne comprends pas.
- Ils ont forcé la porte et sont entrés dans la maison. Ils nous ont réunis au salon. Mon mari, ma petite sœur, le petit frère de mon mari et moi-même, on nous a …
- C'est horrible.
- Ils m'ont humiliée devant ma famille. Ils m'ont …

Les propos de Maman Kaswera étaient entrecoupés de sanglots et de pleurs. Elle était en colère contre ces hommes qui avaient fait irruption dans leur maison et s'étaient livrés à des actes dégradants, ignobles contre tous les membres de la famille. Après s'être calmée, encouragée par les paroles de Lumoo, elle reprit le récit macabre.

-    Ils étaient dix, certains en uniforme militaire complet et d'autres en demi-Dakar[48]. Ils portaient une arme chacun. Le plus jeune devait avoir l'âge de mon beau-frère, c'est-à-dire entre douze et quatorze ans. Leur chef portait les galons de capitaine. Nous n'avons pas eu le temps de réagir car ils ont poussé la porte qui n'était pas encore bloquée. Nous venions à peine de terminer le repas du soir et on regardait les nouvelles à la télévision. Mon mari leur a demandé ce qu'ils voulaient. Ils ont répondu qu'ils n'avaient pas besoin d'argent mais qu'ils voulaient tout simplement s'amuser avec les femmes. Ils avaient besoin de la maîtresse de l'école primaire. Une longue et houleuse discussion s'est engagée entre eux et mon mari. Pendant ce temps, un d'eux a sauté sur ma petite sœur. Deux autres l'ont menacée avec leurs armes. Le chef a donné l'ordre de ligoter mon mari et mon beau-frère. Ils ont dégainé leurs cordelettes et les ont ligotés. Il a ensuite donné l'ordre à deux d'aller se poster à l'entrée de la parcelle pour éloigner les éventuels curieux afin de tenir à l'écart toute ingérence. Je criais, je gémissais. Mon mari ne cessait d'implorer leur pardon en leur disant que nous venions de nous marier à peine. En effet, on s'était mariés deux mois plus tôt. Ils ont répondu que c'était pour cela qu'ils étaient là, pour partager le plaisir avec nous. J'ai eu l'idée de prendre le couteau de cuisine qui se trouvait juste à mes côtés mais avant que je n'aie le temps de passer à l'acte, un des assaillants l'a attrapé et l'a jeté dehors.

Elle s'arrêta pour observer la réaction de Lumoo qui était très attentive et semblait pétrifiée. Elle pensait rêver.

-    Je m'excuse, Jeanne. Mon histoire t'ennuie ?

-    Non, Maman Kaswera. Je sens la haine, la colère et la peur monter en moi. Continuez, Maman.

-    Pourras-tu supporter le choc de ce que je vais te raconter ?

-    Oui, Maman. Je suis préparée à tout. Je me sens forte.

-    Ma petite sœur criait à haute voix. Un militaire se saisit d'elle et la maîtrisa sur le divan. C'était un vrai malabar dont on pouvait voir les gros muscles à travers sa chemise transparente car lui était en demi-Dakar. Pour nous empêcher de crier afin d'alerter les voisins et les passants, car il n'était que dix-neuf heures trente, ils mirent des chiffons dans nos bouches. Ils se servirent pour ça de serviettes de table et de napperons du salon. Je vois encore un gros corps sale,

---

[48] Cette expression désigne une partie d'une tenue destinée à être portée complète : soit le dessus seulement (chemise, casaque) soit uniquement le dessous (pantalon, culotte). A la place de la partie manquante, on porte n'importe quel autre habit.

puant, exhalant une odeur ocre nauséabonde, s'aplatir sur ma petite sœur. Tout était accompli. Les autres militaires encourageaient leur compagnon en scandant des chansons obscènes dont je t'épargne le contenu. Je fermai les yeux pour ne pas voir la scène mais c'était impossible. Ses cris et ses pleurs m'interpellaient. Je tentai de la regarder pour la soutenir et lui dire que j'étais là mais que je ne pouvais rien pour la sortir de cette situation. Quand le violeur de ma petite sœur eut fini de satisfaire sa libido criminelle, un autre militaire le remplaça. Quatre de ces sauvages se succédèrent sur et dans le corps de ma petite sœur. Elle ne bougeait plus depuis plus de vingt minutes. Je la crus morte. Je me sentis coupable car c'était moi qui lui avais demandé de venir habiter chez moi et mon mari fit venir aussi son petit-frère. Le chef alors se retourna contre mon mari et lui dit :

- Ta belle femme, elle est à moi ce soir. Nous resterons ici jusqu'au matin. Mais avant tout tu vas faire l'amour avec cette petite fille devant nous et devant ta famille.
- Jamais de la vie, dit mon mari.
- Tu vas le faire, sinon nous t'abattons tout de suite. Je ne supporte pas l'insoumission. Au boulot.
- Tuez-moi tout de suite car je ne ferai pas ce que vous me demandez.
- Je compte jusqu'à dix.

Maman Kaswera était décidée de poursuivre son récit car les participants aux manifestations prenaient une pause avant d'écouter Lumoo. Cette dernière regrettait à présent pourquoi elle avait insisté que Maman Kaswera lui raconte tous les détails du drame qu'elle avait vécu cette nuit fatidique.

- Par peur de perdre mon mari, je lui fis signe de s'exécuter, reprit Maman Kaswera. Il secoua la tête pour me dire qu'il ne le ferait pas. Je commençai le deuil. Le chef compta lentement comme pour donner le temps à mon mari de changer d'avis. Un … deux … sept … dix. Une détonation, au silencieux, envahit la maison. Le sang gicla de son cou. Je compris tout de suite que je venais de rester veuve très jeune, avec une grossesse d'un mois. Pendant un moment je pensai que je rêvais. J'ouvris les yeux et vis un corps inerte gisant sur le plancher. Son petit-frère, ligoté, essaya de se jeter sur lui mais ne le put pas. Il ne réalisa pas que son frère était décédé. Il pensa qu'il était tout simplement blessé. Je demandai à Dieu de me donner la force de supporter cette dure épreuve. Ma petite sœur étant inconsciente, n'entendit même pas le coup de feu. Le chef me donna l'ordre de me déshabiller. Je lui dis carrément que je voulais rejoindre mon mari dans l'au-delà et que ce serait avec mon cadavre qu'il ferait l'amour. Une force extraordinaire me poussa à parler librement. Je ne craignais plus la mort. Nous n'étions plus que deux personnes de la famille : mon beau-frère et moi-même. Le capitaine donna l'ordre à ses subalternes de me déshabiller et de m'étendre sur le sol. Quatre gaillards réussirent difficilement à me clouer au sol. Je vis le monsieur avancer vers moi, très content, en me disant que désormais j'étais sa femme. En un clin d'œil, je le sentis en moi et il se mit à me raconter des riens, des balivernes. Il eut même le courage de me dire que mon mari était très heureux d'avoir une si belle, charmante et *délicieuse* femme. Il débita d'autres bêtises que tu peux t'imaginer en de telles circonstances. La rage me donna une force surnaturelle pour m'en dégager. Je lui crachai à la figure et lui donnai un coup de genou droit sur les bourses. Pendant qu'il se tordait de douleurs, je lui ravis son revolver, profitant de l'inattention de ses gardes préoccupés par le sort de leur chef infortuné.

Lumoo écoutait le récit avec une telle attention qu'on eût cru qu'elle se trouvait devant le tabernacle. Elle était déconnectée du monde sensible. Au fur et à mesure que Kaswera racontait l'horreur, elle se sentait étouffée par la colère mais aussi l'angoisse. Elle se demandait comment Maman Kaswera pouvait avoir la force et le courage de narrer ces histoires terrifiantes.

- Je n'avais jamais touché un revolver ni un fusil depuis ma naissance. Que fallait-il faire ? Mon beau-frère me fit signe de tenir bon et de les menacer tous. Je me souvins de tous les films policiers et autres séries américaines que je connaissais.

- Haut les mains, vous tous ! Un pas de plus et je tire, dis-je sans beaucoup de conviction. Je vous tiens tous, à présent. En entendant le ton de ma voix et celle de mon beau-frère, les deux qui étaient dehors détalèrent comme des gazelles, en abandonnant armes et uniformes militaires sur place. Je pense qu'ils courent encore.

- Jetez vos armes par terre. Vite, vite, sinon je …, leur répétai-je. Avant même que je n'aie prononcé toute la phrase, tous les sept apprentis militaires jetèrent leurs armes devant nous, en implorant le pardon. C'est alors que je me rendis compte que je ne portais rien sur moi. Mais ce détail importait peu car ce qui venait de se passer était bien pire que juste être à poils. Me mettre à me couvrir, c'eût été leur donner l'occasion de reprendre leurs armes. Mon beau-frère me dit comment charger le revolver en m'indiquant là où il fallait toucher. Lui-même prit un des kalachnikovs que nous venions d'acquérir. Je me demandai là où il avait appris ces choses-là, vu son jeune âge. C'est plus tard qu'il me dit qu'il avait été mayi-mayi pendant deux ans lors des affrontements interethniques dans Walikale et Masisi. Les maîtresvioleurs avaient à présent deux fusils pointés sur eux. Ils tremblaient comme des feuilles de manioc. Deux ne purent pas contrôler leurs sphincters et se soulagèrent sur place. Je te dis Lumoo, il aurait fallu être là pour voir comment ces gens, apparemment puissants, pleurnicher comme de petits enfants. Leur force se trouve dans leurs armes. Ils étaient couchés à plat ventre sur le tapis. J'oubliai pendant un petit moment qu'il y avait deux corps inertes au milieu de cette bande de malappris. Lumoo, me suis-tu encore ?

- Très bien, Maman Kaswera. C'est triste mais intéressant. Et puis vous avez réussi à tirer ?

- Je n'avais pas l'intention de tuer. Je n'aurais jamais pu le faire. Je souhaitais les mettre entre les mains de la justice de notre pays. Mais je doutais très fort de son efficacité. Se rendre justice, ç'aurait été aussi cautionner le cycle des violences. Je demandai à mon petit beau-frère de reprendre courage et d'appeler les voisins avec mon téléphone portable qui se trouvait juste à côté de lui sur le fauteuil où j'étais assise avant l'incursion de ces infortunés. Lorsque mon beau-frère composait le numéro que je lui dictais, le fameux capitaine de misère osa relever la tête. D'un geste incontrôlé j'appuyai sur la détente et une balle partit en direction du frigo et ricocha vers la fenêtre. J'eus très peur car je croyais que je venais de tuer quelqu'un. Ils se rendirent compte alors que je ne blaguais pas. Le téléphone du voisin sonna. Il était à présent vingt et une heures trente.

- Bonjour Papa Ngulu. C'est Madame Kambale. Nous sommes attaqués. Viens vite.

- La porte est ouverte ?

- Oui.

- J'arrive tout de suite. Dois-je appeler la police ? Non. Nous aurons plutôt besoin de chauffeur.

- D'accord.

Lumoo interrompait de temps en temps la preneuse d'otages par de petites questions destinées à orienter le récit mais aussi à préciser certains détails. Cette interaction rassurait Maman Kaswera que Lumoo la suivait.

- Tu suis Lumoo ?

- Cinq sur cinq.

- Papa Ngulu eut à peine le temps de mettre son pantalon et un t-shirt. Sa femme le suivit. Spectacle désolant : deux corps sans vie couchés au milieu de huit autres, complètement atterrés. Madame Kambale tenait toujours le revolver pointé sur ses otages. D'une main elle tira son pagne, jeté sur la petite table du salon par les brutes. Son beau-frère l'aida à se le mettre autour de la taille. En bon réflexe

93

masculin, Papa Ngulu ramassa toutes les armes et les enferma dans la chambre à coucher des parents. Son premier souci fut de conduire les deux morts à l'hôpital par formalité et pour les enquêtes.

Une alerte vint interrompre la conversation de Maman Kaswera et Lumoo. Le protocole d'Etat venait d'annoncer l'arrivée du Président de la République sur les lieux de la manifestation pour se rendre compte si tout se passait bien mais aussi, devoir de mari oblige, constater si réellement sa chère épouse était en sécurité. Tout le monde vida la salle pour laisser la place à une cohorte d'agents de sécurité chargés d'inspecter les lieux.

De toutes les façons, Maman Kaswera continua son récit, entrecoupé par des appels de Maman Eyale qui tenait compagnie à la Première Dame dans un local attenant à la grande salle de la Maison des Jeunes. En bref, Papa Ngulu appela la Police du coin qui, contrairement à ses *bonnes* habitudes, arriva sur les lieux en un temps éclair, à bord de deux jeeps toutes neuves qu'elle venait de recevoir de la coopération chinoise. Lorsqu'il toucha Papa Kambale, il constata, avec une surprise agréable, que son cœur battait encore. La jeune fille respirait lentement et ouvrait les yeux par moment. Lui et Madame Kaswera les prirent à bord de la voiture familiale et coururent à l'hôpital général de Ngoma. Il était déjà vingt-deux heures.

Le diagnostic sur Mr Kambale était sans appel : la balle lui avait traversé la nuque touchant très gravement la moelle épinière. Tandis que pour la jeune fille, le médecin dit : traumatisme vaginal, perforation de l'utérus et de la vessie, déchirure labiale … Le médecin de garde fit tout ce qu'il put pour sauver les deux malheureux ne serait-ce que pour les mettre hors de danger. Monsieur Kambale séjourna pendant six mois à l'hôpital. Il en sortit tétraplégique. La jeune fille y resta un mois et rentra à la maison. Tout le village était au courant de ce qui lui était arrivé. Certaines personnes lui manifestaient de la compassion tandis que d'autres la pointaient du doigt. Un jour on la trouva morte, suicidée dans sa chambre. Elle avait pris une overdose d'un somnifère très fort et avait laissé une lettre à sa grande sœur et à son beau-frère. Voici la lettre :

Je vous demande tous pardon. Je sais que ma mort va vous attrister. Mais je n'ai pas eu le choix. Les regards des gens et l'avenir d'une vie sombre, sans bonheur, sans foyer, sans enfants m'ont déterminée à mettre fin à mes jours. Je pars sans rancune. Vous direz à tous ceux qui m'ont violée que je leur ai pardonné leur forfait. Dites-leur de ne pas continuer à violer les filles d'autrui. Que je sois la dernière. Je connais toutes les conséquences de cet acte déshumanisant, dégradant. Suppliez-les en mon nom de s'arrêter là et de demander pardon à Dieu, à la communauté nationale et à toutes leurs victimes qui vivent encore. C'est sûr qu'ils n'auraient pas supporté que leurs propres mères, femmes, sœurs et filles soient humiliées et violées en public, comme ils l'ont fait avec moi. Quant au Capitaine, leur chef, dites-lui qu'il est plus malheureux que moi. Il va porter ma mort sur sa conscience toute sa vie même s'il fait le malin. Il n'aura plus jamais la paix tant qu'il n'aura pas renoncé à ces actes bestiaux et sauvages et qu'il ne se sera pas repenti.

Et vous beau-frère, vous avez accepté la mort pour ne pas commettre l'irréparable avec moi. Vous avez refusé de céder à leur menace pour ne pas coucher avec moi, votre belle-sœur et petite sœur. Je vous en remercie infiniment. Vous m'avez aimée au mépris de votre propre vie parce que vous aimez réellement ma grande sœur. Je vous demande pardon pour n'être pas restée avec vous pour affronter la société et la honte. Je vous remercie aussi pour n'avoir pas répudié ma grande sœur alors qu'elle avait été violée en même temps que moi. Dieu vous rendra au centuple votre amour et vos marques d'attachement à notre famille. Je suis sûre que vous aurez un foyer très heureux.

Et vous grande sœur, je vous demande pardon pour vous avoir laissée sans petite sœur. Notre maman n'a eu que deux filles. Je n'ai pas été aussi forte et courageuse que vous pour fermer mes yeux aux regards perçants des foules et boucher mes oreilles aux moqueries de mes amis. Dieu nous a créées différemment. Qu'il en soit loué. Vous n'êtes pas responsable de ce qui m'est arrivé, car à l'hôpital j'ai rencontré d'autres filles qui avaient été violées à Kanyabayonga, à Vitchumbi, à Kilolirwe, à Pinga, à Beni ... Tu diras à papa et à maman que je les aime beaucoup et qu'ils me trouveront au ciel. Je vais intercéder pour vous en attendant que vous me rejoigniez.

Pour terminer, je vous supplie de dire aux autorités de notre pays que c'est une grande insulte à l'égard de nombreuses victimes des actes les plus dégradants qu'elles ont subies, de maintenir leurs auteurs dans les rangs des forces armées et des institutions de la République. Les individus qui ont commis de tels actes, qui qu'ils soient et où qu'ils se trouvent, devraient payer pour leurs actes.

Je vous embrasse tous très affectueusement.

Adieu.

Votre petite sœur.

Bora Uzima Marie Espérance de La Croix.

Lumoo fut attristée par la fin de cette histoire. Mais ce qui la surprit, fut la façon dont Maman Kaswera et son mari s'étaient remis de ce choc. Ils avaient eu, bien sûr le soutien et le réconfort des amis.

Ce fut très pénible pour eux. Chaque fois qu'ils y pensaient, ils se mettaient à pleurer. Mr Kambale consolait sa femme en lui disant qu'elle devait plutôt protéger l'enfant qu'elle portait, enfant qui avait échappé, on ne sait comment, à la barbarie qu'avait connue sa mère. Ils se soudèrent les coudes pour la survie de leur couple. Maman Kaswera accoucha normalement, à la grande satisfaction de tous. Le petit frère de Mr Kambale mit beaucoup de temps à se remettre de ce traumatisme. Il ne supportait plus de voir un homme en uniforme. Il poursuivit pourtant ses études.

Jeanne Lumoo tira la conclusion à la fin du récit de Maman Kaswera. Elle consacrerait désormais sa vie pour lutter contre toutes les formes de violences faites aux femmes. Elle ferait du combat contre le viol sa raison d'être. Mais il fallait d'abord étudier, se disait-elle pour connaître un peu plus le monde et son environnement. Les études lui donneraient, pensait-elle, les armes nécessaires pour sa guerre. Elle ne le ferait pas seule, elle pouvait compter sur les autres femmes décidées à en découdre avec ceux qui détruisaient les vies innocentes.

Les éclaireurs du cortège présidentiel firent leur entrée sur la cour de la Maison des Jeunes. Les femmes et leurs invités se trouvaient déjà dans la salle, sous haute surveillance des ampicillines qui avaient écarté tous les policiers préposés à la sécurité des lieux. Tout se passa très vite. Dès que le Président fut installé, la Camarade Eyale lui souhaita la bienvenue et lui fit le briefing du contenu de la première communication tout en lui présentant l'oratrice. Elle ne manqua pas de souligner l'émotion qui s'en était suivie et comment toute la salle et ses environs étaient plongés dans un deuil inattendu, en mémoire des victimes du viol et des traitements dégradants et inhumains des femmes de l'Ituri et des Uele.

C'est alors que le Président comprit, à peu près, ce qui s'était passé. Il fut profondément attristé. On eut cru qu'il entendait le récit de ces horreurs pour la première fois. Ce fut bientôt le tour de Lumoo. Après les incidents provoqués par la déléguée d'Isiro et le récit inédit de Maman Kaswera, elle décida de revoir son petit résumé. Elle ajouta les souffrances des femmes dans les milieux ruraux infestés par des milices de tous bords. Elle allait surtout se concentrer sur quelques nouvelles reçues des déléguées du Sud Kivu, du Maniema et du Nord Katanga. En effet pendant la pause, elle avait eu le temps de parler rapidement avec quelques femmes venant de ces coins où la gent féminine était en voie d'extinction, victime de la sauvagerie des miliciens et même des éléments de l'armée et de la police nationales. Le trac la saisit jusqu'aux os. Elle réajusta ses pagnes plusieurs fois.

Elle se sentait toute petite, dans tous les sens, pour s'adresser à une assemblée de cette envergure-là.

Lorsque Maman Kaswera lui avait demandé d'intervenir au cours des manifestations du huit mars, elle s'imaginait un public très réduit, dans un cadre plus modeste et seulement pour une dizaine de minutes. Le protocole vint lui dire qu'elle avait une heure pour sa conférence : trente minutes de communication et trente pour le débat. Comment procéder ! Maman Kaswera la rassura.

- Nous demandons à Mlle Jeanne d'avancer vers le micro pour sa communication, dit l'annonciatrice. Mais entretemps, Excellence Monsieur le Président, auguste assemblée, avec votre haute permission, je voudrais vous présenter l'oratrice. Mlle Jeanne Lumoo est âgée de douze ans et demi. Elle est la cadette d'une famille de quatre enfants. Fille de Mr Mburashi et de Mme Mali. Elle est actuellement élève en sixième année primaire à l'Ecole Primaire Catholique de Ntsulo, sur la route Ngoma-Saki. Elle est très engagée dans la lutte pour la revalorisation de la femme surtout dans les milieux ruraux. Je vous demanderais de bien vouloir l'applaudir.

Lorsque l'annonciatrice dit qu'elle avait douze ans et demi et qu'elle était en sixième année primaire, Lumoo se trouvait déjà derrière le micro. Toute la salle, comme un seul homme (le français est un peu misogyne), applaudit tout en criant :
- Ce n'est pas vrai ! Pas vrai ! Impossible !
- *Mama kabambi hivi ! Ata kidogo !*
- *Si bongo hiyi !*
- *Mwenye atasubutu kumubaka, tutamuua.*
- *Ni malaika*[49].

Comme les délinquants s'invitent toujours partout, ils se mirent à siffler pour exprimer leurs louanges pour cette beauté qu'ils n'avaient pas encore vue sur terre mais aussi leur incapacité de l'atteindre. Son âge et sa jeunesse attirèrent bien évidemment le Président de la République. On le vit s'adresser à son épouse qui lui expliqua probablement qui était cette jeune fille dont l'âge chronologique ne correspondait pas visiblement pas à l'âge mental.

Après quelques applaudissements très nourris, Lumoo sortit son papier de bord et le déposa sur le lutrin devant elle. Maman Kaswera

---

[49] Ces cris émis en swahili local, signifient, en français, à peu près ceci :
- *Une si grande femme ! Jamais de la vie !*
- *Ça c'est faux !*
- *Celui qui osera la violer, nous le tuerons.*
- *C'est un ange.*

lui avait dit qu'elle devait commencer par citer le Président et la Première Dame avant le Gouverneur et tous les autres. Elle se mit enfin à parler dans un français très proche de la perfection :

Excellence Mr le Président de la République,
Excellence Mme la Présidente,
Excellence Mr le Gouverneur de la Province du Nord Kivu,
Honorables Députés,
Madame la Présidente de FEPOM,
Mesdames, Mesdemoiselles, membres de FEPOM,
Mesdames, Mesdemoiselles, membres d'autres organisations féminines,
Mesdames, Mesdemoiselles et Messieurs,
Distingués invités
Chers frères et sœurs dans le Christ,

C'est un très grand honneur pour moi de me tenir devant vous en ce moment très solennel pour vous partager mes convictions, mon combat et celui de tant de femmes qui peinent dans les milieux ruraux, loin des préoccupations des grands de ce monde. Mais avant tout, je voudrais remercier Mr le Président de la République pour s'être joint à nous afin de rendre hommage à toutes les femmes victimes des violences sexuelles et des humiliations de toutes sortes à travers le pays. Sa présence parmi nous est un grand encouragement et l'assurance que désormais il va s'impliquer dans la protection de la femme congolaise en général et de la femme congolaise vivant en milieu rural en particulier.

La déléguée d'Isiro nous a brossé un tableau très sombre de la situation de la femme dans les régions de Bunia, Mahagi, Isiro, Dungu, Aru, Buta, Bondo, dans la Province Orientale. La situation n'est guère meilleure au Nord Katanga, au Maniema, au Sud Kivu et au Nord Kivu. Si on devait passer au peigne fin toutes les souffrances qu'endurent nos sœurs de ces régions de notre pays, il nous faudrait plus d'une journée dans cette salle. Pour ne pas abuser de votre précieux temps et pour ne pas répéter ce que notre sœur d'Isiro nous a partagé, je voudrais, avec votre permission, souligner quelques faits et proposer quelques idées pour éradiquer ce fléau qui tend à se pérenniser dans notre pays.

Toute l'assistance avait les yeux braqués sur elle. On n'entendait que sa voix et le vrombissement de moteur des voitures qui passaient sur la route qui relie l'Institut Mwanga au Boulevard Kanyamuhanga. Les gens s'étonnaient de la maîtrise et du sang-froid avec lequel cette fille de l'école primaire parlait. La foule était littéralement émerveillée ne sachant pas s'il fallait applaudir à chaque pause ou la laisser terminer son discours avant de la féliciter. Maman Kaswera dodelinait de la tête en signe de satisfaction et d'approbation. La tenue de Lumoo lui allait parfaitement bien, vu sa taille et sa corpulence. Elle s'arrêtait de temps en temps pour fixer le public. C'était sa tactique, apprise sur le tas, pour dominer la salle. Les grands orateurs de l'histoire ne faisaient-ils pas ainsi ! Elle poursuivit :

La femme dans les milieux ruraux travaille plus qu'un âne, dans des conditions qui dépassent souvent ses forces physiques et morales. Elle fait tout sauf, jusqu'à présent, construire la case familiale. La fille dans les milieux ruraux est écartée de la scolarisation sous prétexte qu'elle va se marier et qu'elle n'a pas besoin de diplôme pour être une bonne épouse. En plus, il n'y a pas de maternité dans les villages. Cette situation entraîne un nombre assez élevé de décès de femmes au cours des accouchements compliqués. A ce tableau très sombre, vient s'ajouter un phénomène nouveau, vieux seulement de moins de dix ans, du moins à l'ampleur actuelle. C'est la chasse à la femme par les violeurs et autres sadiques. Ces derniers exploitent la fragilité et la vulnérabilité de la femme rurale pour lui faire des atrocités innommables. Les endroits les plus dangereux pour les femmes sont les champs, la rivière et le chemin du marché. Ils les violent non pas seulement avec leurs membres mais, plus grave, avec des objets même tranchants qui laissent des marques indélébiles dans les corps de ces femmes. Ils les violent parfois en présence de leurs propres enfants. Point n'est besoin de faire un croquis. Tout le monde comprend très bien de quoi je parle.

Cette description très pudique, fit couler des larmes aux femmes. L'incident du début fut évité de justesse par le savoir-faire de Lumoo qui demanda à l'assemblée de se mettre debout pour observer quelques instants de silence en mémoire des femmes victimes des violences sexuelles et des traitements dégradants et inhumains sur toute l'étendue de la République. Le climat de silence et de recueillement étouffa les élans de ceux qui voulaient relancer le deuil national dans la salle. On vit le Président de la République sortir un mouchoir blanc de sa poche et le porter à son visage. Il fit semblant d'essuyer la sueur, car il faisait chaud dans la salle, mais en réalité une raie de larmes coulait doucement sur les deux joues. Le caméraman ne rata pas la scène. Lumoo en profita aussi pour boire un peu d'eau et reprendre du souffle. Maman Kaswera lui fit signe par le pouce droit, pointé vers le haut, pour lui dire que c'était très bien. Elle sourit, très contente que jusque-là elle tenait bon. Elle n'en revenait d'ailleurs pas d'avoir pu parler sans trop se servir de son aide-mémoire.

Cependant elle ne savait pas que ses parents suivaient la cérémonie en direct, à la maison. Ils n'en revenaient pas de voir leur fille, qui était allée faire la première lecture à la messe des écoles primaires catholiques, faire un discours devant le Président de la République et une multitude de femmes. Naturellement, Maman Mali fit semblant d'être plus étonnée que son mari. Entre mère et fille il y a toujours cette complicité que les hommes soupçonnent mais qu'ils n'arrivent pas toujours à démasquer, faute de preuves. Ce jour-là Papa Mburashi avait demandé l'autorisation de rentrer plus tôt pour préparer une petite manifestation pour les femmes du village, chez lui. Il devait profiter de l'occasion pour lancer une association pour la conservation de la nature et la lutte contre le déboisement. En voyant sa fille à la télé, il eut des sentiments mêlés : il se crut victime d'un complot féminin mais en même temps il ressentit une certaine fierté d'être le père de cette fille qui épatait le monde malgré son jeune âge. Il se garda d'en parler à qui que ce soit. Cette attitude surprit Maman Mali qui s'attendait plutôt à la foudre.

Lumoo reprit son petit réquisitoire en faveur de la femme rurale :

Mon combat, notre combat à tous, hommes et femmes, est que tout cela cesse, le plus tôt possible. La construction des maternités viables en milieu rural réduira significativement le taux de mortalité maternelle et infantile. Je sollicite pour ce faire l'aide des pouvoirs publics pour appuyer les efforts des organisations féminines dans ce domaine. Le renforcement des capacités d'accueil des écoles primaires et secondaires en milieu rural contribuera, j'en suis convaincue, à scolariser la jeune fille, espoir de la société de demain. En lui procurant une éducation de qualité, en niveau et en contenu, elle déterminera elle-même ses priorités et les moyens de les atteindre. Quant au danger permanent que représentent les innombrables milices, l'armée régulière et la police nationale qui arpentent les campagnes, à la recherche de femmes à torturer, à violer et à tuer, la femme rurale ne demande qu'une seule chose : la paix et la sécurité durables. L'éradication de ces deux pandémies mettra à l'abri la femme congolaise rurale et lui permettra d'apporter sa pierre indispensable à la reconstruction du pays. C'est à ce prix et à ce prix uniquement que le pays pourra se vanter d'être une nation moderne. En conclusion, je dirais que si nous ne faisons rien pour nettoyer nos forêts et nos savanes des éléments nuisibles, non seulement à la femme mais également à toutes nos populations, tout ce que nous entreprenons ne durera que l'espace d'un matin. La femme congolaise réclame que justice lui soit rendue, que ceux qui ont commis des actes ignobles contre elle, soient sévèrement punis pour décourager tous les aventuriers qui se cachent encore dans nos champs, prêts à bondir sur la première femme qui s'y aventurerait, quel que soit son âge.

Excellence Mr le Président de la République,
Excellence Mme la Présidente,
Excellence Mr le Gouverneur de la Province du Nord Kivu,
Honorables Députés,
Madame la Présidente de FEPOM,
Mesdames, Mesdemoiselles, membres de FEPOM,
Mesdames, Mesdemoiselles, membres d'autres organisations féminines,
Mesdames, Mesdemoiselles et Messieurs,
Distingués invités
Chers frères et sœurs dans le Christ,
Je vous remercie très sincèrement pour votre patience et vous souhaite une agréable fête. Je confie notre cher et beau pays et la femme congolaise à Jésus par Marie, notre modèle.

Tout le monde se leva pour applaudir Mlle Lumoo. L'assistance exprima sa joie, sa satisfaction, son admiration par des cris, des chants spontanés, des félicitations lancées à haute voix vers le podium où se trouvait encore Jeanne. Maman Kaswera versa quelques larmes de joie. Elle était très contente d'avoir bien choisi et préparé sa petite amie. Tout s'était bien passé. Lorsque leurs regards se croisèrent, elles sourirent jusqu'aux oreilles. Mission accomplie, se dirent-elles, sans se consulter. La Première Dame, accompagnée de Maman Eyale, monta sur le podium pour embrasser Lumoo sous les applaudissements de l'assistance. Maman Eyale entonna un chant magique qu'on n'exécute que quand quelqu'un reçoit une mission spéciale, surtout de la part de la communauté chrétienne et toute la salle, toujours debout, reprit à l'unisson :

Nzambe aponi yo osalela ye,
Na nzoto mpe na motema mwa yo mobimba,
Nzambe aponi yo.
Tala na kati ya Bible,
Ndenge Yezu aponaki bapostolo,
Nzambe aponi yo ...

Pendant près de trois minutes, les femmes et leurs invités chantèrent et dansèrent au rythme de ce cantique extrait de la Sainte Bible. Les participants qui se trouvaient dehors entrèrent dans une sorte de transe, tellement le chant les touchait, et pourtant ils ne voyaient rien de ce qui se passait dans la salle. Ils pouvaient tout simplement entendre. Quelques-uns ne connaissant pas très bien le texte en lingala, chantèrent en swahili car il paraît que l'original du chant était en swahili, composé vers les années quatre-vingt à Enkafu :

Mungu amekuchagua umtumikie,
Na mapendo yako yote na moyo mwema,
Mungu amekuchagua ...

Le Chef de l'Etat, quant à lui, était plongé dans une profonde méditation. Lorsque Lumoo prononça le mot *reconstruction,* il jubila. Mais ce ne fut que pour quelques secondes. En effet, la clarté de l'état de besoins de Lumoo pour la femme congolaise vint ternir la joie du Président qui se demanda par où commencer. Il regretta d'avoir cédé à la demande de sa femme qui avait insisté pour qu'il la rejoigne à la Maison des Jeunes. Il se souvint du récit d'Adam et d'Eve autour de la fameuse pomme.

C'était trop tard, il était là et avait très bien capté le message, tant il est vrai que chaque fois que Lumoo pointait du doigt la responsabilité ou l'implication des pouvoirs publics, toutes les femmes l'ovationnaient en regardant le couple présidentiel, le Gouverneur et les Députés.

-      Les violences sexuelles contre les femmes sont donc encore une réalité, se dit le Président, visiblement troublé. Et pourtant, tous les rapports qui me parviennent indiquent unanimement que la paix et la sécurité règnent en maître sur toute l'étendue du pays. Lorsque je demande si les viols, les tortures et les mutilations ont été complètement éliminées dans les zones dites *rouges*, tous mes services spécialisés me répondent que les femmes et les hommes vaquent tranquillement à leurs multiples occupations quotidiennes. Quand j'insiste sur les cas de Masisi, Walikale, Rutshuru, Lubero, Beni, Kabare, Walungu, Mwenga, Pangi, Kabambare, Kasongo, Kailo, Punia, Lubutu, Kibombo, Kindu, Samba, Kalemie, Ankoro, Manono, mes conseillers me rassurent en me disant que les mots viol, torture et mutilation des femmes n'existent plus que dans les dictionnaires et encyclopédies d'un certain âge. Ils appartiennent au passé ! Pour ce qui est de Bunia, Isiro, Mahagi, Dungu, Doruma, Bondo, Buta tout le monde me dit que les violeurs ont été tous arrêtés et qu'ils méditent sur leur sort dans les cellules luxueuses des prisons de la CPI, aux Pays-Bas. Je demande alors ce que sont devenus les autres violeurs professionnels, nationaux et étrangers, qui ont opéré au Kivu et au Katanga. Là, je perçois quelques hésitations. Les réponses ne sont pas aussi spontanées qu'ailleurs. Certains me disent que la Justice internationale est à leurs trousses et qu'ils seraient arrêtés très bientôt. D'autres me disent carrément qu'ils ont disparu dans la forêt et qu'ils constituent toujours une menace. Les plus courageux insinuent, malignement, que quelques violeurs, tortionnaires et tueurs de femmes ont réussi à rentrer, par la petite porte, dans les institutions de la République et occupent des postes très juteux dans le gouvernement, l'armée, la police et les entreprises publiques. Lorsque je leur demande de me donner les noms, ils se rétractent, je ne sais pourquoi. Mais je ne suis pas Dieu, loin s'en faut. Je ne peux pas tout savoir. Que faire maintenant que la chose est portée à ma connaissance et au grand public ?

Pendant que les gens chantaient et dansaient, le Chef de l'Etat ruminait son incapacité à mettre fin à toutes ces souffrances. Il se sentit coupable, trahi, trompé par les rapports savamment rédigés par ceux-là qui étaient soit impliqués dans les exactions contre les femmes soit qui couvraient les responsables de ces actes. Le comble des malheurs est que le budget de l'Etat pour l'année en cours n'avait pas pris en considération ce combat qui désormais s'imposait sur la scène nationale. Aucun investissement n'était prévu pour la construction des maternités, des dispensaires, des écoles dans les milieux ruraux des zones touchées par le phénomène *viols, tortures, mutilations et tueries* orchestrés et exécutés sur de paisibles compatriotes congolaises. Le budget n'a pas non plus prévu les dépenses liées à la sensibilisation des femmes sur leur propre prise en charge et leur participation au développement du pays.

En plus, et c'est plus significatif, aucun budget n'était alloué au système judiciaire pour rechercher, arrêter et juger les responsables de ces actes. Et on était au mois de mars. Le Président se souvint qu'il était le Chef et qu'il devait, constitutionnellement garantir la sécurité et la justice à tous les citoyens. Il décida qu'il demanderait un budget additionnel pour répondre à tous ces besoins.

Il se faisait tard et les organisatrices de la journée du sept mars, remirent à la fin du mois la troisième conférence prévue pour clôturer les manifestations du jour. Il fallait refaire les forces et revoir le programme très serré pour le défilé des forces vives féminines prévu pour le lendemain. Le Président et son épouse furent les premiers à quitter les lieux, selon les us et coutumes. Après eux, le protocole annonça l'ordre de sortie de la salle. Les invités et les comités provinciaux et national de FEPOM reçurent la consigne de se retrouver pour une *évaluation* de la journée dans les jardins de l'Hôtel Ihusi, un ensemble hôtelier qui n'avait rien à envier au monde dit développé. Son cadre féérique et romantique attirait tous les amoureux du calme et de la nature pour contempler le Lac Kivu et les paysages des alentours. Lumoo et la déléguée d'Isiro, Mlle Déborah Ampudre, y étaient également conviées. Mais Lumoo déclina l'offre, car elle était pressée de rentrer à la maison par peur de la réaction de son père. Il était seize heures. Elle fut pourtant surprise, dès qu'elle mit les pieds dehors, de voir son père et son grand-frère Kilofasi qui l'attendaient à la porte. En les voyant, son cœur s'arrêta pendant quelques secondes. Tous les deux coururent vers elle et l'embrassèrent longuement. Elle était rassurée, comblée, très contente d'avoir fait l'honneur de la famille. Elle ne se souvint plus du mensonge de Maman Kaswera pour obtenir l'autorisation d'aller à Ngoma.

La foule vint s'interposer pour féliciter, encourager et voir de près cette merveille naturelle sortie de la brousse de Ntsulo.

- C'est mon père et mon grand-frère Kiki, disait Lumoo à tous ceux qui venaient vers elle.

- Bonjour Papa, bonjour Kiki. Elle est formidable. Vous devez être heureux de l'avoir dans votre famille. Elle ira loin, très loin.

- Merci, répondaient papa et Kiki.

- Jeanne, tu viens à l'Hôtel Ihusi ?, demanda Maman Eyale.

- Non, Maman. Papa est venu me chercher.

- N'oublie pas que Maman la Présidente a promis de te raccompagner à la maison.

- Je m'excuse, veuillez lui dire que je la remercie infiniment mais que je suis rentrée avec Papa.

Papa Mburashi demanda de quoi il s'agissait. Lumoo lui expliqua que la Première Dame avait souhaité lui donner son chauffeur pour la ramener à la maison, munie d'une note pour maman. Le papa manifesta à sa fille sa grande surprise. Lumoo tint à rassurer son père :

- Elles se sont connues lorsqu'elle faisait encore le commerce de bisamunyu et de lengalenga. Maman était sa fournisseuse.

- D'accord, mais je pense que ta maman ne s'en souvient plus.

- En lisant la note, elle s'en souviendra.

- Si c'est comme ça, alors tu peux aller avec les autres. Je vais annoncer la nouvelle à ta maman. Elle va se marrer.

CHAPITRE VII. LE SPECTRE DES VIOLS

Trop de protocole à l'Hôtel Ihusi. On n'entrait que sur présentation du carton d'invitation. Lumoo n'avait jamais été à une telle manifestation de grands de ce monde. Elle se retrouva dans le quartier des VIP et des *bamama ya kilo*[50], celles qui ne connaissaient la faim, la pauvreté, le viol, les tortures, les mutilations qu'à travers les conférences comme celles auxquelles elles venaient de participer. Jeanne était très timide de nature et sa présence au milieu de ces hommes et femmes de la haute société la mettait mal à l'aise. Elle résista grâce à Maman Kaswera qui la plaça juste à sa droite pour qu'elle se sente plus rassurée. Les sujets de leurs conversations ne l'intéressaient vraiment pas. Ils parlaient de gens, de choses, des endroits qu'elle ne connaissait pas. De temps en temps elle demandait à son amie de quoi ils parlaient. Elle lui disait que c'étaient des affaires du pays, de grandes personnalités du gouvernement et de la vie publique de la République. Elle en éprouva un dégoût :

\- Comment ces gens peuvent-ils se permettre de parler des affaires qui concernent la haute sphère du pays si légèrement, si facilement et autour d'une table remplie de boissons et de nourriture de toute sorte ? C'est donc comme ça que les décisions se prennent ? C'est ainsi que le pays est dirigé ? Ces hommes et ces femmes ne me donnent pas l'impression de prendre au sérieux ce qu'ils disent ! Alors je comprends pourquoi les violences subies par les femmes ne les inquiètent pas. Ils continuent leur rythme de vie. Lorsqu'on soulève un débat sur ces questions-là au Parlement, les députés et les sénateurs s'en moquent éperdument. Ce qui leur importe ce sont leurs intérêts personnels. Il faut que je parte d'ici le plus vite possible.

Elle fit signe à Maman Kaswera qu'elle voulait partir. Celle-ci alla vers la Première Dame, à une table à deux pas de là, où elle se trouvait avec son mari et le Gouverneur, pour lui dire que Jeanne Lumoo manifestait le désir de rentrer à la maison. Elle se leva, appela Lumoo et lui tendit une enveloppe en lui disant de saluer très chaleureusement sa mère. Elle lui remit deux téléphones portables, un pour elle et un

---

[50] Cette expression lingala, signifie, en traduction littérale : *les mamans lourdes* ou *les mamans qui ont du poids*. Dans le langage courant, il désigne les femmes pas comme les autres, celles qui ont beaucoup d'argent et de l'influence politique dans le pays et dans leur milieu de vie. Une variante de cette expression : *Bamères ya poids* ; *bamama ya motuya*.

autre pour sa maman, déjà avec des cartes *sim*. Elle s'était arrangée pour envoyer son intendante acheter ces téléphones au centre-ville. Avant de la quitter, elle lui dit qu'elle avait noté leurs numéros de téléphone et qu'elle les appellerait à la première occasion.

Lumoo prit place à bord d'une jeep de luxe dont les sièges étaient couverts de cuir fin, artisanalement et spécialement travaillé sur commande de la Présidence de la République. Le parfum dans son habitacle caressa les narines de Lumoo qui n'en fut pas particulièrement émue, se disant que tout cela n'était rien en comparaison de la paix et de la sécurité pour lesquelles elle était dorénavant décidée à consacrer sa vie. Deux gardes du corps qui se trouvaient à côté de la voiture montèrent à bord. Elle eut le sang glacé en les voyant car un s'assit devant, à côté du chauffeur, et le deuxième vint se placer juste à sa gauche.

Les scènes de la conférence de Mlle Déborah d'Isiro et du récit de Maman Kaswera traversèrent rapidement son esprit, créant en elle la peur. Elle fit semblant de ne rien sentir. Le chauffeur lui demanda avec une politesse inconnue des éléments en uniforme :

-   S'il vous plaît Mademoiselle, on prend quelle direction ?
-   Mlle Jeanne Lumoo. Route Saki.
-   D'accord, mais permettez-vous que je prenne un document à l'hôtel pour Maman Présidente ? Ce ne sera pas long et c'est juste du côté de Himbi.
-   C'est bon.
-   Merci Mademoiselle Jeanne.

Lumoo avait répondu machinalement par l'affirmative mais elle ne se sentait pas vraiment en sécurité au milieu de trois ampicillines qui la regardaient avec convoitise comme un maraudeur sous un manguier en pleine saison de cueillette. Elle se mit à prier à voix basse pour éloigner le danger et pour avoir la force de se battre, comme Maman Kaswera si cela arrivait. Pour les désarmer et les décourager dans leur entreprise funeste imaginaire, elle interrompit le silence en leur posant des questions destinées à les endormir :

-   Je parie que vous devez avoir de beaux enfants.

Le chauffeur, dit dans un français très académique :

-   J'en ai deux, un garçon de quatre ans et une fillette d'un an. Je les appelle au téléphone plusieurs fois par jour. Ah ! je les aime bien !
-   Tu n'appelles pas leur mère ?
-   Si, mais quand je parle avec mes enfants c'est différent. Tu sais les femmes, surtout quand elles sont très belles, il faut s'en méfier.
-   Que veux-tu dire ?

- Tout le monde les convoite et … tu comprends ce que je veux dire ?

- En effet, oui, le problème c'est vous les hommes qui voulez toujours avoir les femmes et les filles d'autrui. Vous n'êtes jamais contents de votre propre femme.

- Ah ! petit na nga ! *Eza mokili*[51], intervint le voisin de Lumoo.

Elle sursauta, prise par un malaise inexplicable. Ces derniers mots sonnèrent comme si déjà le monsieur voulait passer à l'action. Son souffle s'accéléra, son pouls monta peut-être jusqu'à cent-vingt pulsations par minute. On n'arrivait toujours pas à l'endroit où le chauffeur devait récupérer le document pour sa patronne. Pourquoi ne pouvaient-ils pas le récupérer au retour ?, se demanda-t-elle. Il n'était que dix-sept heures, mais elle ne voyait qu'obscurité autour d'elle. Elle ne savait pas encore manipuler le cellulaire, sinon elle aurait appelé quelqu'un. Pourtant elle n'avait aucun numéro en tête, si quand même, celui de son père. A sa grande surprise, le voisin du chauffeur s'empressa de réprimander son collègue :

- Un peu de respect pour mademoiselle. Tu crois qu'elle est comme toutes ces allumeuses que tu rencontres dans la rue partout où tu vas ? Tu ne vois pas qu'elle est …

- *Ah, poro, mwasi aza kaka mwasi ! Ekipaka te* !, rétorqua l'impoli.

- *Ndeko obeba kala*[52].

Lumoo se dit que sûrement ce dernier avait déjà violé des dizaines de femmes, des centaines peut-être car son langage le trahissait. Elle se mit à guetter son moindre geste, son moindre mouvement, se disant que s'il osait s'approcher ou la toucher, elle crierait et sauterait de la voiture. Dans son for intérieur, elle se consola du fait que les deux autres semblaient plus raisonnables et plus gentils. Mais elle s'en méfiait, car ces gens-là sont imprévisibles. Ils commettent le mal parfois en riant. La voiture s'arrêta net devant une grille, non loin de l'ancienne résidence présidentielle devenue Musée. La porte s'ouvrit en dévoilant une luxuriante cour aux arbustes exotiques et à la pelouse coupée au ras du sol. La jeep s'y engouffra en trombe.

---

[51] En lingala de la rue ça signifie : *Ah, ma petite ! C'est ça le monde !*

[52] Les militaires ont leur propre langage. Pour en saisir la finesse, il faut être des leurs ou alors les côtoyer. En traduisant littéralement en français, nous avons :

- *Ah, camarade soldat, une femme c'est toujours une femme ! Peu importe ce qu'elle est.*
- *Frère, tu es abîmé depuis longtemps.*

La parcelle donnait sur le Lac et on pouvait entendre les ressacs alternatifs à une cinquantaine de mètres de la maison. Lumoo se prépara à la bataille. *Si quelque chose arrive*, se dit-elle, *je me battrai jusqu'au sang*. En avait-elle les moyens ? Que pouvait-elle contre trois militaires s'ils décidaient de la faire passer à la broche ? Pas grand-chose. Elle vit une jeune demoiselle sortir de la maison avec une farde-chemise en main. Elle fit descendre la vitre pour la saluer et augmenter ainsi le nombre de témoins, en plus du monsieur qui avait ouvert la grille. Lorsqu'elle les entendit parler, pour la première fois, un swahili avec un accent particulier, mais swahili tout de même, elle se dit que leur ruse était démasquée. Ils ne voulaient pas lui montrer qu'ils parlaient la langue du coin pour faire le malin et pouvoir s'amuser avec elle sans remords.

Le chauffeur remit le document à son voisin de droite. Désormais Lumoo leur parlerait en swahili même si l'accent n'était pas le même.

- Et toi, Mademoiselle, es-tu mariée ?, demanda le chauffeur.
- Non, je suis encore petite. Je n'ai que douze ans.
- Pas possible ! A ton âge !
- Justement, à mon âge on a douze ans et on ne se marie pas.
- Je voulais dire à ta taille.
- Ce n'est pas la taille qui compte.
- Tu as un fiancé ?
- Pas encore et je n'y pense même pas. Je dois d'abord étudier.
- Dommage que je suis déjà marié.
- Sinon ?
- Je te prendrais en mariage et on ferait de beaux enfants.
- Tu n'avais qu'à attendre. Tu as raté !
- Ce n'est pas tard.
- Comment ça ?
- Je peux renvoyer l'autre et te prendre !
- Inutile de le faire car je n'aime pas les militaires.
- Mais pourquoi, pourtant ce sont des hommes comme les autres. Ils sont méchants seulement pendant les opérations.
- Justement, dans notre région, il y a opération tous les jours depuis plus de vingt ans maintenant et rien n'indique que ce sera bientôt fini.
- Je te rendrais heureuse.
- Puis-je te poser une question ?
- Laquelle ?
- Ne te fâche pas, s'il te plaît. As-tu déjà violé, torturé, mutilé ou tué une femme ?
- Euh, oui et non.

-   Explique-toi.

-   J'ai été obligé de violer une jeune fille étudiante au cours des opérations de maintien de l'ordre à l'ISP[53] Enkafu. Elle était belle, seule dans sa chambre au Home dit *Veuverie*. Je n'ai pas pu résister. Comme elle résistait, je lui ai brûlé un peu les tétons avec ma cigarette et lui ai scotché la bouche. Ce n'était pas ma faute. C'était le corps qui m'y avait poussé. Mais je t'assure je ne l'ai pas mutilée et puis je lui ai demandé pardon avant de la quitter.

Ce récit perturba Lumoo. Il vint s'ajouter à tout ce qu'elle avait entendu pendant la journée. Elle se trouvait en face d'un violeur, dans la même voiture. Ce militaire ne pouvait pas mentir. Il avait sûrement violé. Là où il ne disait pas la vérité c'était sur le nombre de ses victimes et les méthodes de viol. Il avait certainement torturé l'étudiante et peut-être tué. Qu'est-ce qui l'empêcherait de répéter le même exploit avec elle ? Lumoo s'imagina bien d'autres choses dont cet homme s'était rendu coupable et qu'il était capable de réitérer à la première occasion. Et celle-ci était là. Il avait à sa disposition une proie facile, offerte à lui gratuitement. Elle fit un effort pour chasser ces idées et continuer la conversation pour connaître davantage le monde des violeurs.

A présent la jeep se faufilait, avec précautions, entre les piétons, les motards, les conducteurs de *tshukudu*[54] et les autres voitures, qui se disputaient les trous les moins profonds au milieu des restes de l'asphalte sur l'unique route qui relie Ngoma à Saki.

-   Etais-tu seule ?, demanda-t-elle au chauffeur.

-   Au début oui. Mais quatre autres ont fait irruption dans la chambre juste quand je lui demandais pardon pour l'acte que je venais de commettre.

-   Et puis ?

-   Et puis ? Tu peux imaginer la suite !

-   Tous les quatre ! Quels salauds !

-   J'ai tout fait pour les en empêcher mais j'étais en position de faiblesse car je venais de faire la même chose.

-   Pourquoi n'as-tu pas tiré sur eux, puisque tu étais leur chef de peloton.

-   Ce n'est pas permis. J'avais peur de la cour martiale.

-   Et à la fin ?

---

[53] Institut Supérieur Pédagogique.

[54] Le *tchukudu* est une sorte de charrette en bois, utilisé comme vélo, dans la région pour le transport des marchandises d'un endroit à un autre. Ils peuvent prendre jusqu'au-delà de trois cents kilos.

- Les deux derniers se sont contentés d'une personne qui ne bougeait plus et qui respirait à peine.
- Vous n'avez pas de cœur. Je suis sûre que cette étudiante n'a pas survécu à cette barbarie.
- Malheureusement non. Le soir, une certaine Radio Maendeleo a annoncé qu'une étudiante était décédée à l'Hôpital de Panzi des suites d'un viol collectif dans sa chambre, à la *Veuverie* de l'ISP. Je pense que c'était elle. Elle ne pouvait pas survivre surtout que mes hommes se sont vantés le soir d'avoir associé à l'orgie, pour les laver de tous les malheurs éventuels, les canons de leurs fusils.
- S'il vous plaît, faites-moi descendre ici. Je suis arrivée.

Prise de dégoût et de colère, elle ne voulut plus continuer la route avec ces gens qui avaient le sang d'une innocente sur leurs mains. Elle était convaincue que tous, même les deux autres qui gardaient silence, tous sans exception, avaient déjà commis des actes de ce genre. Sa journée était fatalement remplie de mauvais souvenirs, des images dont elle ne se déferait plus jamais jusqu'à la fin de sa vie. La description de ces monstruosités suscita ou plutôt renforça en elle le mépris de l'homme, surtout de l'homme en uniforme, d'où qu'il vienne et qui qu'il soit.

Elle se demanda pour combien de temps encore ces hors-la-loi continueraient-ils à humilier la femme. Jusqu'au jour où toutes les femmes du pays et du monde se lèveraient pour dire : *Trop c'est trop*. Elle était pourtant consciente que ce jour-là s'éloignait de plus en plus au regard des intérêts que certains grands, nationaux ou étrangers, entretenaient dans la région. Les miliciens qui circulaient tranquillement dans ces régions n'étaient pas prêts à déposer les armes. L'armée nationale et les casques bleus, à leur poursuite, ne faisaient pas mieux qu'eux. Quelle stratégie donc adopter pour mettre un terme à ces actes criminels récurrents ?

C'est tout ceci qui poussa Lumoo à demander de descendre de la voiture alors qu'ils se trouvaient presqu'à l'entrée de Buheno.
- Non, Mademoiselle, Maman nous a donné l'ordre de te déposer à la maison. Excuse-moi si je t'ai raconté cette histoire qui t'a fait du mal. C'est pourtant toi qui as insisté.
- Ce qui me fait de la peine, ce n'est pas cette histoire. C'est arrivé et nous n'y pouvons rien pour le moment. Le plus dramatique c'est que vous qui avez commis ces actes-là vous continuez à vivre tout bonnement comme s'il ne s'était rien passé. Vos compagnons encore aujourd'hui commettent les mêmes atrocités sans être inquiétés par qui que ce soit.

-   Mademoiselle, tu es encore petite. Plus tard tu comprendras que l'exemple vient d'en-haut. On devrait commencer par nos chefs qui ont même été promus après avoir commis les mêmes gaffes que nous. Ils sont là dans les hautes sphères du pouvoir. Ils sont intouchables.

-   Tout ça finira un jour. D'ailleurs le Président de la République est au courant. Je suis sûre qu'il fera quelque chose.

-   Avec qui alors va-t-il travailler ?

-   Avec ceux qui ont les mains propres, les hommes intègres et justes.

-   Mademoiselle, tu rêves ! Tu en connais combien ?

-   Je n'ai pas les noms en tête mais Papa me dit toujours qu'il connaît des congolais honnêtes qui pourraient aider ce pays à changer sa mauvaise image.

-   Dis alors à ton père d'envoyer vite les noms au *Raïs*.

Pendant qu'ils discutaient, le chauffeur continuait à rouler, cette fois-ci à tombeau ouvert car la route était à cet endroit-là et à ce moment-là dégagée. Lumoo n'avait plus peur de ces trois hommes. Elle se sentait très forte, capable de leur résister en cas de tentative de viol. Son voisin de siège la regardait *goulument*, prêt à sauter sur elle. Il avala la salive plusieurs fois pour calmer son élan et ses instincts libidinaux. Il regrettait qu'il ne rencontrât pas une telle proie dans un endroit *approprié*. Il se souvint tout à coup d'une vieille femme, belle et très attrayante qu'il avait contrainte à coucher avec lui sous peine de tuer son mari, sa fille et ses cinq petits-fils dans un petit village au nord d'Inongo dans le Mai-Ndombe, dans la Province du Bandundu. C'était au cours d'une opération de ratissage après la mort d'un militaire massacré par la population, à coups de pilon, à cause du vol d'un gros coq appartenant à une veuve. Tandis que celui qui se trouvait à côté du chauffeur était rongé par les remords des actes qu'il avait commis lorsqu'il était encore dans une armée rebelle quelques années plutôt. Il ne voulait même pas suivre la conversation qui rappelait tout son passé dans cette rébellion, tristement célèbre. Il n'en avait jamais parlé, craignant de subir le même sort que les seigneurs de guerre de l'Ituri qui venaient d'être arrêtés et transférés à la CPI. Un épisode l'angoissait plus particulièrement.

Lui et ses compagnons, au total douze, se trouvaient à Kaziba, au sud-ouest d'Enkafu, dans le territoire de Walungu. Leur chef les envoya dans un petit village à quelques trois kilomètres du centre vers le nord. Ils prirent armes et munitions car ils craignaient les attaques des rebelles burundais qui se trouvaient dans le coin. Ils avaient également une peur bleue des forces d'autodéfense qui se disaient populaires, connues sous le nom de Mudundu 40 et qui semaient la terreur dans toute la région. Leur mission était d'aller chez un commerçant très connu de tout le monde sous le nom de Mulum'Oderhwa. Ils devaient récupérer une vache et un colis d'or et de cassitérite. En effet le soi-disant commandant avait appris que ledit commerçant avait réceptionné ces pierres en provenant de ses carrières des montagnes des alentours.

Avant de quitter Kaziba-centre, ils fumèrent un peu de chanvre comme d'habitude. A cinq heures du matin, ils se mirent en route avec l'ordre de ramener le butin quoi qu'il en coûte.

- Sergent !, dit le commandant pour appeler le chef d'équipe. *Nilisema nini ?*
- *Tulete matière yote, chef.*
- *Kama si hivyo ?*
- *Tusirudi hapa, chef.*
- *Tunaelewana ?*
- *Ni hivyo, chef*[55].

Très tôt à l'aube, ils frappèrent à la porte de la clôture en bambous, chez Mr Mulum'Oderhwa, d'abord tout gentiment et ensuite en haussant le ton. Personne dans la clôture ne pouvait s'imaginer ce qui se passait dehors. Un travailleur, qui habitait sur place se précipita pour ouvrir la grille. Il n'eut pas le temps de le faire complètement. Les éléments rebelles le bousculèrent et envahirent la cour en un clin d'œil. Mr Mulum'Oderhwa dormait encore. En entendant le vacarme et des voix inconnues, il jeta un regard par la fenêtre et vit que ses *visiteurs* étaient fortement armés et menaçaient le travailleur, papa Kulimushi. Il crut qu'il y avait un problème avec un de ses ouvriers et qu'ils venaient le chercher pour l'amener à leur QG[56], au centre. Il sortit de sa chambre en disant à son épouse qu'il y avait un problème dehors. Il eut juste le temps de mettre une longue culotte et un tricot portant l'effigie de Mgr Manuel Katolika, ancien évêque d'Enkafu.

---

[55] Le dialogue est en swahili militaire :
- *Qu'ai-je dit ?*
- *D'amener toute la matière, chef* (sous-entendu les minerais, les matières précieuses).
- *Et si ce n'est pas ça ?*
- *De ne pas revenir ici, chef.*
- *On se comprend ?*
- *C'est comme ça, chef.*

[56] Quartier Général.

Dès qu'ils virent la porte de la maison principale s'ouvrir, le chanvre qu'ils avaient fumé fit son travail. Certains se jetèrent sur lui, d'autres entrèrent avec fracas dans la maison.

- Qu'y a-t-il ?, leur demanda-t-il.
- Rien d'autre que les matières, répondit le chef d'équipe.
- De quelles matières parlez-vous ?
- De l'or, du diamant, de la cassitérite, du coltan[57], de tout.
- Où sont-ils ?
- C'est toi qui le sais et tu vas nous les donner tout de suite.
- Je ne sais pas de quoi vous parlez.
- Tu le sauras très bientôt.
- Eléments, rassemblez tout le monde ici sur la cour et fermez la grille. Personne n'entre, personne ne sort.
- A vos ordres, chef.

Les assaillants firent asseoir Mr Mulum'Oderhwa à même le sol. Les *éléments* amenèrent la maisonnée, les uns après les autres sur la cour. Ils étaient exactement vingt-cinq personnes : hommes, femmes et enfants. Dans la clôture, il y avait bien sûr la famille propre de Mulum'Oderhwa, celle de ses trois travailleurs dont Kulimushi, celle de son cousin qui gérait ses biens et celle de son fils aîné qui venait de se marier à peine. Parmi les femmes, il y en avait trois qui étaient enceintes. Les parents de Mulum'Oderhwa habitaient également une annexe derrière la maison principale. Chacun se présenta dans la tenue qu'il portait lorsque les éléments tombaient sur lui. Personne ne comprenait ce qui se passait. Les enfants pleuraient en voyant les inciviques en uniforme.

Les femmes tremblaient car elles avaient déjà appris ce qui s'était passé à Shabunda, à Chiherano, à Bunyakiri, à Kalehe et ailleurs autour d'elles. Les hommes tentaient de les consoler et de rassurer les plus jeunes, mais en vain.

- Eléments, tout le monde est là ?
- Oui, chef.
- Vous avez fouillé partout ?
- Oui, chef.
- Les choses sérieuses vont commencer. Premier point, deux femmes vont nous préparer le petit déjeuner.

Le prétendu chef désigna deux dames et deux messieurs : ces derniers devaient abattre un gros bouc qui trônait majestueusement dans l'étable mais qu'on pouvait apercevoir de l'extérieur tandis que les deux femmes devaient faire cuire la viande et préparer des pommes

---

[57] Colombotantalite.

de terre et de la pâte de manioc. Il leur donna une heure. Pendant ce temps, Mr Mulum'Oderhwa préparerait leurs précieux colis, se disaient-ils. Il fit venir une chaise en plastique pour diriger les opérations, assis. La machine de la cuisine se mit en marche. Trois éléments furent chargés de la superviser pour que personne ne s'échappe.

- Mr qui déjà …? demanda avec dédain le chef.
- Papa Mulum'Oderhwa.
- Je vous donne trente minutes pour amener les matières ici devant moi et les emballer sous mes yeux.
- Commandant, je n'ai rien ici. Vous pouvez vous-même aller dans toutes les maisons, vous ne trouverez rien.
- Nous ne le ferons pas car nous ne voulons pas toucher vos fétiches. Vous amènerez tout ici.
- Monsieur, il vous reste vingt-cinq minutes. Si le temps s'écoule avant que tu n'aies tout amené ici, vous verrez ce que vous allez voir.

Le téléphone portable de papa Mulum'Oderhwa sonna dans la maison. Un élément alla le chercher et le remit au commandant.

- Allô, Papa, c'est moi, Florence. Je suis en route et je serai là dans trente minutes.

Le commandant demanda qui était Florence.

- C'est ma troisième enfant et ma première fille. Elle étudie au Lycée de Cibimbi, à Nyangezi. Elle vient probablement chercher un peu de provisions.
- Dites-lui de venir. Surtout pas de faux pas.

Le commandant passa le téléphone à papa Mulum'Oderhwa.

- Nous sommes tous à la maison. *Karibu*[58], dit-il à sa fille.
- Merci Papa, à tout à l'heure.

Les choses allèrent très vite. Florence arriva dix minutes plus tôt qu'annoncé. La nourriture était presque prête, à la façon rebelle. Il n'était pas nécessaire que la viande soit tendre. Mais toujours pas de *matières*. On frappa à la porte et un élément reçut l'ordre d'ouvrir. C'était Florence. Elle fut ahurie de voir le spectacle qui l'attendait et se mit à vociférer contre les éléments. Le commandant donna l'ordre de la maîtriser. Ce qui fut fait rapidement. En la voyant, le commandant sentit son *corps* frémir. Quelle aubaine !, se dit-il.

- Encore cinq minutes, papa.
- S'il vous plaît, prenez tout ce qu'il y a dans la clôture et partez, supplia papa Mulum'Oderhwa.

---

[58] Mot swahili qui signifie: *Sois le (la) bienvenu(e)*.

-   Pas question, les matières ou rien. Quatre … trois … deux … une …, minutes. Fini. Puisque nous ne pouvons pas rentrer bredouille, alors nous allons user de moyens forts.

Il appela vers lui Florence et donna l'ordre aux éléments de la déshabiller. Ces derniers hésitèrent un peu mais il leur intima l'ordre pour la deuxième fois.

-   Exécution.
-   A vos ordres, chef.

Ce fut fait. Désolation sur la cour de papa Mulum'Oderhwa. Abomination sur abomination. Le père, la mère, les grands-parents, le grand frère, les petits frères et les petites sœurs, les travailleurs et leurs familles, tous plongèrent dans la stupeur. Ils n'osaient pas regarder. Florence se mit à gémir. Ce fut la première fois que Mulum'Oderhwa versa des larmes en public. Sans honte, ni crainte, ni aucun respect pour personne, ledit commandant déboutonna son sale pantalon et se mit à l'œuvre. Les éléments eux-mêmes n'en revenaient pas. Etait-ce seulement les effets du chanvre ou tout simplement les conséquences d'une éducation manquée ? Incroyable mais vrai. La scène se passa sous le regard de tout le monde.

La pauvre Florence hurlait comme une lionne blessée ou séparée de ses lionceaux. Quand il eut fini de satisfaire ses instincts animaux, il donna l'ordre au grand frère de faire la même chose avec sa petite sœur. Le papa implora encore une fois la pitié pour le bien des enfants qu'on obligeait à assister à des scènes de ce genre. Ledit commandant dit que c'était trop tard. Papa Mulum'Oderhwa leur promit de l'argent en espèces pour épargner la famille. Lesdites matières avaient été achetées la veille, la nuit, par un général allié à ladite rébellion et avaient probablement traversé la frontière assez tôt le matin.

Les éléments qui venaient de terminer leur repas, furent attirés par le mot argent.

-   Papa, ce sont des dollars ?
-   Oui, répondit Mulum'Oderhwa tout en pleurs.

Papa Mulum'Oderhwa fut escorté par deux éléments jusque dans sa chambre pour prendre l'argent et l'amener au commandant. C'était des billets de cent dollars tout neufs : deux briques. Les éléments se dirent qu'il avait certainement plus que ça. Pour obliger le père à tout sortir, ils se mirent à violer toutes les femmes, une après l'autre, même la vieille, les fillettes et les femmes enceintes. Le grand frère ayant refusé de commettre l'inceste avec sa petite sœur fut abattu à bout portant par le commandant lui-même. Un désordre généralisé s'installa sur la cour. Excédé, le père se jeta sur le commandant pour l'étrangler mais il fut abattu par un élément qui observait la scène. C'est alors qu'ils décidèrent de quitter les lieux avec leurs deux briques de dollars américains à la place des matières. Ils étaient sûrs que leur chef resté au QG serait très content.

En route, ils se distribuèrent la moitié d'une brique et ramenèrent le reste à leur chef qui les en remercia infiniment. Le même jour, il se rendit à Enkafu pour acheter un camion Fuso. C'est là qu'on lui révéla que tous les billets étaient faux. Papa Mulum'Oderhwa s'était fait rouler, les violeurs aussi. Ledit officier rebelle quitta Enkafu en fulminant contre ses émissaires et Mr Mulum'Oderhwa. Il jurait dans la langue de ses pères :

-    Ils vont me payer ça, ces escrocs. On ne se moque pas de moi impunément. Savent-ils combien de personnes j'ai déjà tuées, moi ? Qu'ils demandent partout, on me connaît sous le nom de Kupekupe. *Nitawafyeka wote na kubaka mabibi zao na watoto wao*[59].

Depuis lors, on n'a plus jamais eu de nouvelles de la famille Mulum'Oderhwa. Le pire leur serait-il arrivé ? Rien n'est plus sûr, vu le courroux du militaire déçu par les faux billets de dollars américains.

Quelques jours après ces actes barbares et criminels, les trois femmes qui étaient enceintes durent se rendre à l'hôpital de Nyangezi pour des soins appropriés. Leurs trois enfants étaient décédés au cours des violences qu'avaient connues leurs mères.

Après ce récit macabre intérieur, le chauffeur de la Première Dame secoua son voisin complètement absent de tout ce qui se disait dans la voiture. C'est juste à ce moment-là qu'il se rendit compte qu'ils étaient déjà arrivés chez les Mburashi. C'était lui le chef d'équipe qui avait violé en public Mlle Florence et tué le grand frère de celle-ci. Depuis lors il n'avait jamais plus eu la paix. Il voyait constamment ses victimes lui passer sous les yeux.

-    Je suis arrivée, dit Lumoo. Merci beaucoup.
-    On ne pourrait pas saluer vos parents ?
-    Si vous voulez, oui.

Et à cet instant, les parents et le grand frère sortirent et remercièrent les trois ampicillines d'avoir raccompagné Lumoo. Celle-ci eut beaucoup de choses à raconter à la famille. Ils lui posèrent tant de questions de curiosité et elle expliqua tout avec sa verve habituelle. Elle dit cependant que cette journée avait été très éprouvante et déterminante pour elle. Il n'y eut que la maman qui comprit ce qu'elle voulait dire par là. Maman Mali lut la lettre de Maman Présidente. Elle

---

[59] Déformation du mot *coupe-coupe*. Dans sa colère, il promet de se venger en le disant en swahili. Il dit à peu près ceci : *Je vais les faucher (les éliminer) et violer leurs femmes et leurs enfants.*

lui rappela effectivement qu'il y avait une jeune fille qui achetait des *bisamunyu* et des *lengalenga* chez elle. Elle était loin de s'imaginer qu'elle était allée si loin dans la vie. Comme quoi, l'éducation qu'on donne aux enfants les accompagne partout, se dit-elle. En effet elle se souvint qu'elle était très polie, calme et courageuse. Le père montra à sa fille et à sa femme comment utiliser les téléphones qu'elles venaient de recevoir.

Quant au journaliste de Digitalcongo qui avait donné de fausses informations sur l'incident du jour, il fut interpelé par ses chefs hiérarchiques, sur ordre de la propriétaire de la chaîne. Le même jour, le soir, il reçut sa notification de licenciement. Depuis lors on n'a plus jamais entendu parler de lui. La garde rapprochée de la Première Dame fut aussi rayée de l'armée après avoir purgé une peine allant de six mois à trois ans de prison pour négligence et laisser-aller.

C'est depuis lors que les sociétés de téléphonie cellulaire ont implanté des antennes relais sur les hauteurs surplombant Saki pour que si l'incident se reproduisait, qu'on puisse au moins communiquer avec ceux qui seraient en dehors de la ville de Ngoma, menacée par les volcans, les vendeurs d'armes à feu, les miliciens de tous les horizons, les fraudeurs des matières précieuses et le gaz méthane moins dangereux que les hommes.

Après l'euphorie de la journée internationale de la femme, la vie continua comme avant chez les Mburashi, à Ntsulo et dans tout le pays. Les résolutions prises par les femmes à Ngoma furent classées *patrimoine national* au musée d'histoire de la Commune de la Ngombe à Kinshasa. Les violeurs continuèrent leur sale besogne partout où ils le pouvaient. Les FDLR, le RCD, le CNDP, le M23, le PARECO, les MAYI-MAYI toutes factions confondues, les éléments résiduels de toutes les *sectes* issues du RCD, les éléments *incontrôlés* des FARDC[60] … rivalisèrent de zèle pour violer, mutiler et tuer le plus de femmes possible avant l'offensive *totale* et *foudroyante* promise par les autorités de Kinshasa et la Mission des Nations Unies au Congo.

Les Mbororo, la LRA[61] et les milices locales redoublèrent d'ardeur pour violer, tuer et éventrer les femmes enceintes, couper les seins et

---

[60] FDLR: Forces démocratiques pour la libération du Rwanda; CNDP : Congrès national pour la défense du peuple (ancêtre d'un autre mouvement appelé M23) ; PARECO : Patriotes résistants congolais ; RCD : Rassemblement congolais pour la démocratie ; FARDC : Forces armées de la République Démocratique du Congo.

[61] *Mbororo*: peuple éleveur nomade, originaire de la RCA qui s'est installé dans le Territoire d'Ango, District des Bas-Uele, Province Orientale en RDC ; LRA : *Lord Resistance Army.*

les organes génitaux de toutes les femmes rencontrées sur leur passage avant le lancement des opérations conjointes annoncées, tambour battant, par l'Uganda, la RDC, la RCA[62], les Nations Unies et les USA.

A Banningville[63], Enkafu, Kananga, Kindu, Kinshasa, Kisangani, Lubumbashi, Matadi, Mbandaka, Mbuji-Mayi, Ngoma, les discours officiels se multiplièrent *contre les violences sexuelles, sous toutes les formes, à l'est du pays, au nord Katanga et partout ailleurs sur le territoire national.* Des ONG et des ASBL furent créées pour endiguer le fléau. La Monuc, devenue depuis lors Monusco[64], déclara sa détermination à mettre fin à ce qu'elle qualifiait de *honte pour l'humanité tout entière.* Il semble même que l'ONU dépêcha plusieurs équipes d'enquêteurs pour *inventorier les cas des violations les plus graves des droits de la femme et de sa dignité d'être humain créé à l'image et à la ressemblance de Dieu.* Des marches de protestation et de colère furent organisées partout à travers le pays pour dénoncer les viols des femmes et leurs conséquences sur les victimes et sur le développement harmonieux du pays.

Et pourtant, rien de concret ne fut fait sur le terrain. Les bonnes intentions ne furent pas suivies de faits visibles. Elles étaient probablement destinées à séduire les décideurs nationaux et les bailleurs de fonds internationaux pour remplir les poches de certaines personnes. Les femmes furent, et le sont encore, violées, mutilées, humiliées, éventrées, tuées à des centaines, des milliers de kilomètres de bureaux à l'air fortement conditionné des quartiers huppés du pays et du QG de l'ONU à Manhattan dans la Ville de New York. Des sommes d'argent furent collectées auprès des bailleurs de fonds, plus ou moins naïfs ou trop généreux pour se demander ce qu'on en faisait. Certains médias et milieux politiques internationaux parlèrent même de l'est de la RDC comme étant le *centre mondial des viols.* Ces propos irritèrent les autorités congolaises.

Dans certains villages du Nord Kivu, du Sud Kivu et du Maniema, les mamans et les jeunes filles cessèrent de se rendre au marché et dans les églises par crainte d'être kidnappées et d'être conduites dans les camps des miliciens afin d'y servir d'esclaves sexuelles. Les filles désertèrent les écoles pour la même raison. Beaucoup de familles, si

---

[62] RCA: République Centrafricaine.

[63] Quelques informations, non confirmées par des sources indépendantes, renseignent que cette ville s'appelle aujourd'hui Bandundu, Chef-lieu de la Province du même nom, à l'ouest de la RDC.

[64] Mission des Nations Unies au Congo et Mission de l'ONU pour la stabilisation en RDC.

pas toutes, tentèrent de quitter les zones minières riches en or, en diamant, en coltan, pour échapper à la chasse à la femme. Car les rébellions et les milices, ne vivant que grâce à l'exploitation et au trafic illicites de ces minerais de l'Est, se permettaient d'introduire leurs mains dans les cavités intimes des femmes, tous âges confondus, à la recherche de ces pierres précieuses. Ces *gynécologues de mauvais goût*, se servaient parfois de sachets plastiques comme gants pour procéder aux fouilles intimes. Des femmes étaient violées plusieurs fois par jour et par plusieurs hommes. Ces pratiques et leurs conséquences étaient pourtant très connues de tout le monde, surtout des décideurs qui ont des services de renseignements, somme toute bien formés.

Ces souffrances généralisées et injustifiées s'accompagnaient alors de : la dislocation irréversible des familles, la désorganisation sociale, la propagation rapide des MST et autres IST dont le VIH/SIDA, la syphilis, la blennorragie … Celui qui dirait le contraire serait un grand menteur et ne mériterait plus d'avoir le mandat du peuple meurtri et abandonné à son triste sort dans les montagnes et les forêts du Kivu.

Le Parlement congolais, paradoxalement, était plein de députés venant de tous les territoires de l'est du pays : Beni, Lubero, Masisi, Ngoma, Karisimbi, Nyiragongo, Rutshuru, Walikale, Kabare, Walungu, Kalehe, Mwenga, Shabunda, Pangi, Kibombo, Lubutu, Punia, Kailo, Kabambare, Kasongo … il n'y avait pas un seul territoire qui n'avait pas au moins un député assis confortablement sur les sièges de la salle des congrès de l'Assemblée Nationale et du Sénat, à leur siège, appelé très ironiquement *Palais du Peuple*. Mais de quel peuple ? L'incapacité de ces députés à mobiliser toute la communauté nationale d'abord et internationale ensuite pour mettre fin à l'impunité et éradiquer ce fléau démontrait à suffisance, si besoin en était encore, leur désintéressement de ceux-là même qui les avaient envoyés au *Palais de Lingwala*. Appelons-le comme ça. Ils étaient tendus vers leurs émoluments et autres commissions et jetons de présence jusqu'aux élections suivantes. Ils trouveraient des villages déserts et certains ne retrouveraient même pas le chemin qui menait chez eux. La forêt et la brousse auraient repris leurs droits.

C'est au sein de ce peuple et au milieu de lui que naquit et vivait à présent Lumoo qui était désormais confrontée, dans son quotidien, à ce fléau. Elle se fit l'avocate de toutes les vies qui étaient inutilement et sauvagement fauchées, loin des préoccupations des décideurs et des délégués du peuple. Elle n'avait pourtant que douze ans et demi à l'époque de la journée internationale de la femme, célébrée avec pompe à Ngoma. Elle fut complètement déboussolée et tiraillée entre

119

ses études et son combat pour et avec la femme rurale. Lorsqu'elles se retrouvèrent à l'école avec Maman Kaswera, elles parlèrent de sa performance à Ngoma et de l'émerveillement de toute l'assistance. Elles firent ensemble une petite évaluation et projetèrent pour l'avenir. Lumoo en profita, très sommairement, pour poser à Maman Kaswera une question qui la tourmentait.

- Maman Maîtresse, excusez-moi de revenir sur les événements douloureux que vous m'avez racontés avant-hier.

- Ne te gêne pas, Jeanne. Vas-y.

- Quand vous avez été violée par cette brute, aviez-vous l'impression que votre vie s'était écroulée ?

- Jeanne, je t'assure que c'est bon de lire ces choses dans les livres et de les entendre dans une conférence. Les vivre n'a rien de semblable. On a envie de mourir, de disparaître. Quand je me suis rendue compte que j'étais encore vivante, je l'ai regretté. J'aurais souhaité crever à ce moment-là au lieu de penser aux regards de tout le village et peut-être aux médias qui allaient en faire leur histoire.

- Comment votre mari a-t-il su qu'on vous avait violée parce qu'il était couché par terre, inconscient.

- Je le lui ai dit, une semaine plus tard, lorsqu'il s'est réveillé, à l'hôpital. Et de toutes les façons son petit frère le lui aurait dit puisqu'il avait tout vu.

- Quelle était sa réaction ?

- Il m'a dit tout simplement ceci et il s'est rendormi : Je t'aime. Ces trois mots m'ont redonné espoir et m'ont remplie d'un courage exceptionnel. Depuis lors, je ne crains plus rien car je sais que quoi qu'il arrive, il y a quelqu'un qui m'aime.

- Le fait que vous ne pouvez plus concevoir, vu le handicap de votre mari, ne perturbe pas votre foyer ?

- Au début, j'étais révoltée. Mais la chaleur de la famille m'a beaucoup aidé. Heureusement que ma grossesse a survécu à l'acte inhumain que j'ai connu. Cet enfant unique est le fruit de notre amour mais aussi la preuve de notre fidélité l'un à l'autre.

- Allez-vous continuer à m'aider dans le combat ?

- Jeanne, tu n'es pas seule. En réalité je ne t'ai pas tout dit avant-hier, faute de temps. Tu as vu Maman Eyale. Elle a été violée pendant une semaine par des rebelles lorsqu'elle faisait le commerce de poissons entre Zongo et Bangui. Elle est tombée entre les mains d'une bande indisciplinée, droguée et malpropre. Ils l'ont séquestrée un vendredi après-midi et ne l'ont lâchée que le samedi de la semaine suivante parce qu'elle ne pouvait plus rien pour eux. Elle était gravement malade, saignait continuellement et ne pouvait plus marcher. Ils ont arrêté de force un pêcheur, à bord de sa pirogue et l'ont obligé à conduire Maman Eyale à Bangui. Cette faveur lui avait été faite par quelqu'un que les autres appelaient Colonel et qui se l'était appropriée après trois jours de *festin* collectif macabre. Au cours d'une conversation dégoûtante, le Colonel avait découvert qu'ils étaient du même village et du même clan mais ne le lui dit pas de peur d'être haï par tout le monde dans la contrée. Elle a eu la chance de trouver une équipe de *Médecins sans frontières* à Bangui qui ont trouvé son état désespéré et l'ont amenée dans un hôpital spécialisé en France. Voilà comment elle a survécu. Depuis lors, elle mène une guerre sans merci contre les violeurs de femmes.

- Vous voulez dire que plusieurs de ces grandes dames que j'ai rencontrées à la conférence ont été victimes de viols ?

- Hélas, oui pour la plupart. Tu as vu l'autre dame qui était assise juste à côté de la Présidente provinciale de FEPOM Maniema. Elle s'appelle Maman Ndrudra ?

- Oui, elle ne parlait presque pas, très calme et très forte physiquement.

- C'est bien elle. Elle a subi des actes inimaginables à Kilo-Moto. A l'époque où les milices hema et lendu se faisaient la guerre en Ituri, elle vivait, avec son mari et ses enfants, non loin du camp des travailleurs de l'Okimo[65]. Des militaires ougandais sont arrivés dans le village et ont réquisitionné tous les hommes et les garçons de plus de quatorze ans pour les amener à l'usine de l'Okimo. Certains, dont son mari et ses deux fils, ne sont plus jamais revenus. Un jour, elle est allée chercher de l'eau à la rivière et a été kidnappée par six militaires qui ne parlaient qu'anglais et un mauvais swahili, différent de celui de Bunia. Elle a été libérée avec une cinquantaine d'autres femmes qu'elle avait trouvées là, par les miliciens hema à la recherche des miliciens et des femmes lendu. Elle était défigurée, son corps n'avait plus que les os. Ses organes intimes ne sécrétaient rien que du pus dont l'odeur était insupportable. Elle et ses compagnes d'infortune, furent prises en charge par la Croix-Rouge belge qui avait déployé des volontaires dans les zones d'affrontements interethniques. C'est comme ça qu'elle a été sauvée. Mais elle a perdu sa féminité car c'était trop tard pour inverser le processus de dégradation. C'est horrible, ma fille !

- Merci Maman Maîtresse pour ce partage. Que font nos autorités ? Papa nous a même dit que lui et ses amis avaient voté pour un

---

[65] Office des Mines d'Or de Kilo-Moto, dans le nord-est de la Province Orientale, en RDC.

monsieur du village qui est maintenant député. A propos, quel est le travail d'un député ?

- Schématiquement, un député est un délégué du peuple pour présenter ses doléances là où se prennent les grandes décisions du pays. Tu voudrais savoir ce que font les autorités, et bien moi aussi.

CHAPITRE VIII. LES ETUDES ET LE COMBAT CONTRE LES VIOLS

Lumoo grandissait très vite, en âge, en sagesse, en intelligence et en activités. A la fin de cette année-là, elle obtint le certificat de fin d'études primaires avec 86% des points, première dans une classe de quarante-trois élèves. Elle reçut les félicitations de tout le corps enseignant et de la direction scolaire. Comme cadeau, l'école lui remit un dictionnaire *Petit Robert* tout neuf avec la recommandation de poursuivre la maîtrise de la langue française. Elle se dit qu'elle mettrait à profit les deux mois de grandes vacances pour parfaire son vocabulaire et sa grammaire afin d'être en mesure de défendre ses idées et ses projets. Son grand frère Tulihale réussit à l'examen d'Etat avec 81% des points et fut proclamé lauréat de la section technique sociale de la République. Il alla se faire inscrire à la Faculté de Médecine de l'UCE[66]. Papa Mburashi aurait voulu l'envoyer à l'Université du Graben où avait étudié son propre petit frère mais Tulihale préféra l'UCE. Kandu réussit brillamment aussi au Petit Séminaire. Kilofasi, comme toujours, réussit après la deuxième session et passa en cinquième année secondaire.

En septembre, Lumoo fut admise au Lycée Chemchem comme promis. Le volcan ayant englouti une grande partie de ce Lycée au centre-ville, les Sœurs le délocalisèrent dans un quartier très peuplé sur la route de l'ULPGL[67]-Kyeshero. Elle s'intégra très facilement grâce à l'accompagnement de la Sœur Préfet Jézabel Simw'Olame. La vie au Lycée était différente de celle de l'école primaire. Elle lui laissait très peu de temps libre pour s'adonner aux activités organisées par les associations féminines. Elle se disait qu'elle aurait le temps à la fin de ses études. Au cours d'une de leurs conversations, la Sœur Jézabel lui parla de Wivine Sebyera Mbabane. Sa vie toute offerte aux autres et sa joie dans la souffrance l'attirèrent beaucoup et demanda si elle pouvait avoir un livre qui parlait d'elle. Ce type de livres, il y en a toujours dans les bureaux des lycées et dans les couvents des Sœurs. Elle tira, du rayon juste derrière sa chaise, un fascicule intitulé *La joie dans la souffrance* et le tendit à Lumoo avec cette recommandation :

---

[66] Université Catholique d'Enkafu.
[67] Université Libre des Pays des Grands Lacs.

- Tu liras ce fascicule pendant les heures de repos et pas en classe ni pendant les heures d'étude. Compris ?
- Oui, ma Sœur.

Dès qu'elle commença la lecture, elle oublia sa promesse. Elle s'enferma dans sa chambre et le lit jusqu'au bout. Le profil de cette jeune étudiante de l'ISP Ngombe la fascina. Bien que se sachant condamnée à mort par un cancer du sang en phase finale, elle garda le sourire sur les lèvres pour ses visiteurs. Elle ne se plaignit jamais pendant toute sa longue et pénible maladie. Lumoo se mit à demander la même grâce à Dieu tous les jours.

Elle disait souvent dans sa prière :

Seigneur,
Donne-moi la patience comme celle de Wivine Sebyera.
Donne-moi la force nécessaire de souffrir sans me plaindre.
Donne-moi la force de souffrir pour Toi et pour mes frères et sœurs.
Fais de ma vie une vie pour les autres.
Donne aux femmes, victimes des violences sexuelles, le courage et l'espoir.
Mets sur leur route des hommes et des femmes de bonne volonté,
Pour soulager leurs peines.
Donne à la société de les comprendre,
De les intégrer, de les aimer.
Convertis le cœur de leurs bourreaux passés, présents et futurs.
Amen.

Ce fascicule devint son livre de chevet. Elle l'avait toujours dans son cartable. La sœur lui promit de lui acheter deux autres sur la même personne. Elle fut ravie. Comment, se disait-elle, une si jeune fille a pu avoir tant de force morale, spirituelle et physique pour supporter, dans la joie, une si terrible maladie. Elle puisait ses forces ailleurs que dans la nature humaine. Sebyera devint le modèle à suivre pour Lumoo. Quand elle serait grande, elle le proposerait aux femmes qu'elle rencontrerait au cours de ses activités de sensibilisation et d'éducation surtout dans les milieux où les violences sexuelles faites aux femmes étaient endémiques.

Les années se succédèrent les unes après les autres. De fil en aiguille, Lumoo gravissait les marches du savoir sans trop de peine. Elle habitait non loin du Lycée, chez sa cousine du côté paternel. Cette dernière appartenait à la classe qu'on appelle *les nouveaux riches*. Elle et son mari avait construit progressivement leur richesse autour d'un commerce aussi banal que négligeable : l'achat et la vente des planches de bois. Ils avaient réussi à économiser. Au bout de cinq ans, ils avaient construit une grande maison et hébergeaient pas plus de quatre membres de leurs familles. La seule condition : il fallait être élève ou étudiant. Ils se chargeaient de tous les frais jusqu'aux besoins strictement personnels. Ce couple était cité en exemple par leurs deux villages et familles. Ils étaient pourtant restés très simples dans leur style de vie et leurs relations aux autres. C'est entre leurs mains que Lumoo réussit à l'examen d'Etat en section technique, option coupe et couture. Elle battit le record de cette option: 89% des points. En effet, de mémoire d'homme mortel, jamais personne n'avait atteint ce pourcentage au niveau national dans cette filière de l'enseignement national. Lauréate absolue de l'option au niveau national et ayant obtenu le pourcentage le plus élevé de la Province, toutes options confondues, elle bénéficia d'une bourse d'études pour cinq ans.

Les Sœurs Ursulines de Tildonk venaient alors de lancer les jalons d'un ISAM[68] à Ngoma. Elle n'eut aucune peine à s'y faire inscrire, vu ses résultats mais aussi son école de provenance. Elle pensait qu'avec un diplôme de couturière en poche, elle pouvait monter un centre professionnel pour récupérer les filles-mères, les femmes analphabètes et les victimes des violences sexuelles, non seulement de la Province mais aussi d'ailleurs. Elles apprendraient à lire, à calculer, à écrire et à coudre. Au bout de la période de formation, chacune recevrait un kit personnel pour se rendre utile à elle-même et à la société.

Lumoo voyait déjà un réseau de femmes volontaires autour de ce centre pour partager leurs connaissances et leur joie avec les femmes que la nature n'aurait pas gâtées et que la société aurait négligées. Elle pensait aussi aux auteurs de crimes sexuels repentis qui seraient recueillis dans ce centre et apprendraient des métiers divers. Les moyens matériels, disait-elle, viendraient progressivement de bonnes volontés qui apprécieraient ce qu'elle serait en train de faire avec les femmes violées et leurs bourreaux.

Ce tableau ressemblait à celui des temps messianiques, où le loup et l'agneau boiraient à la même source, où le lion mangerait de l'herbe, le serpent et l'homme habiteraient sous le même toit, où on achèterait sans argent et sans rien payer. Lumoo rêvait du temps où les méchants et les bons s'assiéraient autour de la même table pour déguster un vin capiteux et des viandes succulentes, où les lances, les machettes, les flèches et les kalachnikovs seraient fondues pour en faire des houes, des faucilles et des vélos ; un temps où les peuples ne feraient plus la guerre et où la femme irait désormais au champ, à l'église, au marché, à l'école sans crainte d'être enlevée, violée, violentée, mutilée, tuée.

---

[68] Institut Supérieur des Arts et Métiers.

Ah ! que c'était bon et beau de l'entendre dérouler ses rêves pour un monde meilleur ! Ses proches ne se lassaient jamais de l'écouter tout en hochant tout de même la tête. Les pessimistes la décourageaient carrément en prétextant que la tâche était énorme et que les moyens ne suivraient pas. Les sceptiques lui donnaient peu de chance de réussir, vu la bataille des intérêts nationaux et internationaux dans les zones rouges de la région où se commettaient les actes de violence contre les femmes. Ils étaient sûrs que le business l'emporterait sur les illusions de cette petite fille sans expérience. Il y en avait, quand même, qui l'encourageaient, sans pourtant être très convaincus, que les choses pouvaient changer, qu'il fallait commencer malgré tout. Apparemment, c'est ce dernier petit groupe qui eut de l'impact sur elle. Elle avait à présent dix-neuf ans et se trouvait en premier graduat. Tous ses condisciples la connaissaient.

Les garçons de sa promotion l'évitaient tant qu'ils le pouvaient parce qu'ils la qualifiaient de *trop logique*. Tout Ngoma la connaissait à travers ses activités sporadiques en faveur de la femme. Ses professeurs ne cessaient d'attirer son attention sur le danger de combiner les études supérieures et une multitude d'occupations sans aucun lien apparent avec ses études. Elle se contentait de répondre :

- Prof, je sais ce que je fais. Je ne suis plus une petite fille. Je suis là-dedans depuis l'âge de douze ans. Confiance.

Maman Mali la voyait très rarement. Ses activités à la Paroisse lui prenaient de plus en plus de temps et un accident de circulation avait sensiblement réduit sa mobilité. Elle s'arrangeait pour la voir lorsque le Groupe du renouveau charismatique de la Paroisse organisait une visite à la Prison Centrale de Ngoma et au Centre pour Handicapés Mapendo Kwa Wote. Après la visite, elle restait très longuement avec avec elle dans sa chambre, au home que l'ISAM avait aménagé pour les filles dont les parents n'habitaient pas Ngoma. Elle lui prodiguait des conseils pour compléter son initiation féminine. Un jour elle lui dit :

- Lumoo, tu sais quoi ?
- Non, Maman, dites-moi.
- Ton père revient souvent sur la question de ton mariage. Hier soir quand je lui ai dit que je venais te voir, il m'a chargé de te le rappeler.
- Et vous, Maman, qu'en pensez-vous ?
- Pour moi, c'est clair. Une fille finit toujours par se marier. A notre époque on se mariait très jeune parce qu'on n'allait pas à l'école et donc on n'avait rien à attendre. De nos jours, c'est différent. Moi je

le comprends parce que nous l'enseignons aux jeunes du Renouveau. Les jeunes tracent leur voix avec les conseils des adultes.

- Maman, on ne vous donnerait pas votre âge ! Vous réfléchissez mieux que beaucoup de gens qui ont passé la moitié de leur vie dans les auditoires.

- Ma fille, ça s'appelle intelligence pratique et bon sens. Tu ne les trouveras pas dans les livres. Mes parents n'ont jamais été à l'école, mais l'éducation qu'ils m'ont donnée m'aide à comprendre le monde et à y faire mon chemin.

- En revenant au mariage, vous pensez que je ferais une bonne épouse ? Ne me flattez, Maman. Dites-moi la vérité même si elle est dure à supporter.

A cette question la maman se mit à rire à faire éclater le foie. Au bout de quelques secondes elle dit, en riant :

- Petite idiote, penses-tu que j'ai perdu mon temps avec toi ? Tu es ma fille unique et j'ai tenu à te préparer à tes responsabilités de mère et d'épouse. Heureux l'homme qui t'aura dans sa maison. Si la coutume l'autorisait, le dernier fils de mon grand frère t'épouserait. Dommage.

Tout en n'ayant pas encore le projet de se marier, Lumoo se sentit flattée par les paroles de sa mère. Elle ne pouvait pas lui dire que ces pensées n'avaient pas effleuré son esprit. Sa mère en aurait été frustrée et contrariée.

- Vous direz à Papa de se calmer. Chaque chose a son temps. Je vais bientôt terminer mes études et puis on verra.

- Il dit que tu vieillis.

- On n'est pas vieille à vingt ans quand même. Il tient toujours au fils de son ami ?

- Bien sûr.

- Je rencontre souvent ce garçon aux réunions de notre mutualité, mais il ne m'a jamais parlé de ça.

- C'est ton père et son père qui y tiennent.

- Maman, je dois aller la semaine prochaine à une rencontre organisée par le Fonds des Nations Unies pour la population à Genève, en Suisse. C'est une conférence internationale qui va réunir les déléguées du monde entier pour parler du problème épineux des violences sexuelles qui continuent à se commettre au nord et à l'est de notre pays.

- C'est pour combien de temps ?

- Une semaine. Mais après la conférence, je suis invitée par les Congolais de la diaspora pour leur parler du même sujet. Ce sera à La Haye, aux Pays-Bas.

-   Ton père est-il au courant ?
-   Maman ! Vous le lui direz, c'est votre marin, non !
-   Téléphone-lui avant que je ne rentre, comme ça s'il me demande des précisions, je pourrais lui en fournir. Mais il serait très content si c'était sa fille qui le lui disait de vive voix. Tu connais ton père, il aime les *succès*[69]. Il va en parler à tous ses collègues de service.
-   Maman ! Soyez gentille envers mon père. Je l'appelle tout de suite.

Depuis le téléphone reçu de la Première Dame, elle en avait déjà acheté trois. Elle composa le numéro de son père :
-   Bonjour Papa ! C'est Lumoo, votre fille unique chérie.

Elle avait activé ce qu'on appelle *mains libres* pour permettre à sa mère de suivre la conversation. La maman sourit en lui soufflant à voix basse :
-   Tu es vantarde comme ton père ! Quelle famille ! On dirait des Balub…
-   Shhh !, fit Lumoo à sa mère.
-   Papa, j'ai une bonne nouvelle pour vous.
-   Tu as trouvé un fiancé ?

La maman se mit à rire en se moquant du père et de la fille. Lumoo étouffa son propre rire.
-   Non, Papa. Je voyage pour Genève la semaine prochaine. C'est pour une rencontre internationale des femmes. On va parler des violences faites aux femmes à l'est et au nord de notre pays. Ensuite j'irai à La Haye, aux Pays-Bas.
-   Ma fille, je suis très content de toi. Tu l'as dit à ton oncle maternel et à tes frères ?
-   Pas encore, Papa.
-   Alors je vais le leur annoncer tout de suite. Que Dieu te protège, ma fille. Mais fais attention à La Haye car j'ai appris que c'est là que se trouve le siège de la CPI. Il faut tout faire pour que les Congolais ne te voient pas en compagnie des juges ou des enquêteurs de cette Cour. Je ne veux pas de problème ici. Les malfaiteurs croiront que tu y es allée pour déposer leurs dossiers là-bas.
-   Papa, soyez calme. J'y vais pour les Congolais de la diaspora qui voudraient comprendre ce qui se passe à l'est et au nord de notre pays afin de sensibiliser l'Occident et toute la communauté

---

[69] Cette expression est typique dans le coin. Apparemment, elle est inappropriée et incorrecte mais elle signifie que la personne aime la gloire, les louanges. Elle cache également la nuance de vantardise.

internationale sur les actes criminels systématiques contre les femmes dans cette région oubliée par les décideurs.

- D'accord, ma fille. Je passerai dimanche te dire au revoir et te demander de m'acheter une montre *kienzle* en Suisse.

Papa Mburashi était content d'avoir une fille si intelligente, si bien éduquée et surtout si simple. Maman Mali, prit congé de sa fille après avoir terminé la bouteille de jus de maracuja produit par les entreprises Ntawiniga sur l'Ile d'Idjwi, en plein milieu du Lac Kivu. Lumoo se mit tout de suite à préparer son intervention à Genève et à La Haye. Elle contacta l'association des femmes victimes des viols, basée à Enkafu, pour avoir les dernières nouvelles de la région. Elles étaient très mauvaises. De partout on amenait des femmes et de petites filles traumatisées, à l'hôpital de Panzi. Aucun territoire du Sud Kivu n'était épargné. Plus on s'éloignait des centres urbains, plus le mal était profond. Le Dr Denys Mikenge, médecin responsable du pavillon concerné, était débordé. Les infirmiers ne se reposaient plus. Jour et nuit, il fallait recevoir les pauvres femmes dans un état très proche de la mort. Elles présentaient des traumatismes différents selon la brutalité et le nombre de leurs agresseurs.

Les rescapées racontaient des horreurs inimaginables sur la terre des hommes au 21ème siècle. Les victimes, qui succombaient chaque jour des suites des violences commises sur elles dans les camps de fortune érigés par les miliciens, se comptaient par dizaines par jour. Bientôt il n'y eut plus de lit disponible. Heureusement que l'Unicef et l'Unfpa donnèrent de grandes tentes d'une capacité de cinquante lits chacune. La cour de l'hôpital et ses environs rappelèrent les camps des réfugiés rwandais quelques années auparavant. Bientôt les médicaments et le matériel vinrent à manquer.

Le Directeur de l'hôpital lança un SOS à tous les hommes de bonne volonté. Quelques personnes et organisations étrangères répondirent favorablement. Mais du côté congolais, très peu d'hommes d'affaires et de politiciens, qui manient pourtant des sommes colossales de dollars américains par jour, ouvrirent leurs porte-monnaie. Dommage ! Dans les paroisses du Diocèse, on organisa une collecte spéciale pour assister l'hôpital. Le nombre de patientes augmentait chaque jour. Maman Badesire, la présidente de l'association dit à Lumoo :

- Tous les efforts sont vains si on n'arrête pas l'hémorragie en amont. Chaque jour le nombre augmente mais les moyens pour venir en aide à toutes les victimes des viols et des mutilations génitales ne suivent pas le même rythme. C'est le cri que tu devrais lancer à la communauté internationale et aux bailleurs de fonds. Leurs dons sont les bienvenus mais ils ne résolvent pas le problème. Ils soulagent celles qui ont réussi à atteindre l'hôpital de Panzi mais ne protègent pas celles qui sont encore à la merci de toutes les bandes armées qui se disputent les minerais de la région.

- Merci Maman Présidente. C'est très triste, malheureux, honteux. Y a-t-il autre chose à ajouter ?

- Pas grand-chose, Jeanne. Seulement que les seigneurs de guerre et les hommes d'affaires qui entretiennent ces foyers d'insécurité soient arrêtés et mis hors d'état de nuire, le plus vite possible. Nous avons écrit des mémos aux Gouvernorats Provincial et Central. Les réponses tardent à venir. Nous parviendront-elles un jour ? Peut-être quand ils se rendront qu'il n'y a plus de femmes à violer, alors ils réagiront. Curieusement, il n'y a que les pays étrangers qui relaient notre cri de détresse même si nous savons très bien qu'ils ne sont pas étrangers à ce qui se passe dans notre région.

Maman Badesire raconta à Lumoo qu'au moment même où elles parlaient, deux femmes venaient de mourir de fistules fortement infectées. Elle était en pleurs car on n'avait pas réussi à les sauver vu l'état très avancé de l'infection, le nombre réduit d'infirmiers et les conditions d'hospitalisation. Elle ajouta que certaines femmes mutilées ne récupéreraient plus jamais les membres et les organes perdus. Ces séquelles étaient indélébiles.

Leur conversation révolta encore davantage Lumoo. Avant de raccrocher, elle dit à son interlocutrice :

- Tout ça doit finir. On ne peut continuer à assister impuissantes à la mort des femmes innocentes. Trop c'est trop. Toutes ces femmes forcées à l'esclavage sexuel, violées plusieurs fois par jour, amputées de leurs organes vitaux par esprit fétichiste, toutes ces femmes dis-je crient vengeance. Et c'est à nous de le faire. Maman Présidente, si les décideurs ne nous écoutent pas, pour des raisons qu'eux-mêmes connaissent, nous allons nous mobiliser et rejoindre tous ces centres nationaux de viols parsemés dans la région pour qu'ils nous violent toutes. Ce sera notre dernière arme.

- Merci, Jeanne et bon voyage. On se revoit au retour.

- D'accord. De toutes les façons nous gardons contact car on vient de me dire que je pourrais utiliser mon numéro de téléphone local même là-bas.

- Ok.

Lumoo notait tout ce que son interlocutrice lui disait. Elle appela ensuite une religieuse de Kindu-Port-Empain dont elle avait eu des échos par des personnes interposées. On lui avait dit que cette religieuse soignait des femmes victimes de viol. Même désolation. Des femmes étaient violées, mutilées et tuées dans presque tous les territoires de la région. Certaines victimes parvenaient à atteindre la ville pour se faire soigner. Mais plusieurs autres préféraient souffrir en cachette par peur d'être indexées par la société et par les leurs. Ce qui fait que le nombre réel des victimes de ces actes dégradants et criminels était très difficile à déterminer. Seules les plus courageuses racontaient leur calvaire, sauf bien sûr si cela s'était passé en public. Ces derniers cas n'étaient pas rares. Kindu étant enclavé, les médicaments et le matériel indispensables pour la prise en charge des survivantes des viols collectifs manquaient cruellement.

Heureusement, quelques ONG internationales intervenaient d'une manière ou d'une autre. Avant de raccrocher, la religieuse dit à Lumoo :

- Jeanne, fais tout ton possible pour convaincre les grands de ce monde de mettre fin à toutes les milices de la région. Dans notre Province le taux le plus élevé des victimes se trouve autour des zones minières confisquées par des bandes armées au service d'un inconnu, invisible. Parfois les miliciens eux-mêmes ne le connaissent pas. Je t'en prie, Jeanne, dis-leur que les femmes du Maniema sont une espèce en voie d'extinction. Cela fait plus de quinze ans que ces actes se commettent dans l'impunité et l'indifférence totales.

- Merci ma Sœur. Je vous promets que je ferai ce que je pourrai. Je vous ferai le compte-rendu à mon retour.

- Bon voyage et à bientôt.

- Merci ma Sœur et courage. Surtout, ne lâchez pas le combat. Ces femmes comptent sur votre soutien.

Elle avait à présent son bloc-notes plein. Elle avait soigneusement tout noté pour ne rien perdre. Ses études ne lui donnaient pas la possibilité de se rendre partout. Elle utilisait le téléphone grâce à la générosité d'un commerçant indien installé à Ngoma depuis plus de vingt ans. Elle avait fait sa connaissance au cours d'une réception organisée au Gouvernorat à l'occasion de la fête de l'indépendance du pays. Elle y avait représenté l'ISAM. Le protocole les avait placés ensemble, sans le savoir. Il s'intéressa à elle et elle à lui. Elle en profita pour lui parler de ses activités en faveur des victimes des violences sexuelles dans la Province. Mais les moyens lui manquaient. Il promit de soutenir ses activités en lui assurant les communications téléphoniques post-payées là où elle était abonnée. C'est ainsi qu'elle pouvait se permettre de parler au téléphone pendant des heures. Des hommes généreux, il y en avait encore, heureusement. Elle prépara un deuxième bloc-notes avant d'appeler la Présidente de l'association *Femme contre les violences sexuelles* dont le siège se trouvait, ironie du sort, dans les anciens bureaux du RCD-Ngoma, de très triste mémoire. Le monde est vraiment petit. Elle chercha son numéro dans le répertoire et tomba sur une certaine Safi. Elle hésita mais se décida à appeler :

- Allô ! C'est Maman présidente de Femme contre les violences sexuelles ?
- Oui. A qui ai-je l'honneur, s'il vous plaît ?
- C'est Jeanne Lumoo au téléphone. Je vous appelle de Ngoma.
- Bonjour Jeanne. C'est Dieu qui t'a inspirée d'appeler. J'étais en train de chercher ton numéro mais en vain. Comment vas-tu ? Je me trouve à Boyoma.
- Je vais bien, Maman. Je vous appelle pour avoir la situation de votre association sur terrain avant de me rendre à la Conférence internationale à Genève.
- Jeanne, je ne sais pas par où commencer. Rien n'a changé depuis les déclarations tapageuses de nos autorités. Le district de la Tshopo est le moins touché par les crimes contre la femme tandis que celui du Haut-Uele est le plus concerné. En Ituri, depuis l'arrestation de quelques seigneurs de guerre, il y a une relative accalmie. Du Bas-Uele, nous n'avons pas beaucoup de nouvelles à cause du manque de moyens de communication dans certains territoires. L'inquiétude monte gravement à Isiro, Dungu, Doruma qui sont de grands centres. Toutes les voies qui y mènent sont très dangereuses pour les femmes. Des milices ougandaises, soudanaises, congolaises et centrafricaines y sévissent depuis maintenant plus de trois ans au vu et au su des autorités congolaises et de la Mission des Nations Unies. Certains rapports nous renseignent que certains éléments des FARDC et de la Monuc seraient impliqués dans des actes de viol massif. Nous avons déposé une note d'information et de protestation auprès de la représentation de la Monuc ici à Boyoma. La Secrétaire Générale de notre organisation s'est rendue à Kinshasa avec des documents confidentiels pleins de preuves. Elle vient de me dire qu'elle les a remis en mains propres au Premier Ministre et une copie à Madame la Ministre du Genre, Famille et Enfant.

De temps en temps, Lumoo interrompait Maman Safi pour demander des précisions de nom de lieux et de personnes. Son interlocutrice s'inquiéta pour les *unités*[70]. Lumoo la rassura qu'elle n'avait pas à s'en faire. Maman Safi poursuivit :

- Notre Secrétaire Générale m'a dit une chose qui m'a coupé le souffle. Il paraît qu'à Kinshasa, le Gouvernement Central est occupé à se battre contre une forme de terrorisme urbain sous le nom de *kuluna*

---

[70] Il faut entendre ici *crédit téléphonique*.

qui terrorise la population kinoise. L'armée, la police, les forces de sécurité, les services de renseignements et autres services spéciaux, sont tous derrière ce phénomène. Elle ne sait pas ce que c'est. Le gouvernement a décidé de traquer tous les kuluna et de les envoyer dans les prisons de très haute sécurité de Buluwo, au Katanga et d'Osio à Boyoma.

-   Très haute sécurité ! De qui se moque-t-on ? On s'échappe plus facilement de ces prisons qu'on ne s'échappe de l'école la plus indisciplinée de Ngoma.

-   Ce qui est intéressant c'est qu'il paraît que ces kuluna ont déclaré qu'ils ne cesseront leurs activités que quand ils auront remplacé la police nationale qui, à leur avis, ne fait rien pour protéger la population. C'est trop drôle comme exigence ! Alors, Jeanne, les femmes pourront continuer à être violées pour longtemps encore car je ne vois pas notre gouvernement céder ses prérogatives à un gang. Pour le moment, nous ne pouvons compter que sur nos partenaires internationaux pour les amener à organiser un lobbying auprès de leurs pays respectifs afin de ramener la paix et la sécurité dans nos provinces.

-   Merci Maman Safi. Ces données et ces réflexions seront livrées telles quelles aux décideurs qui seront à Genève. En tout cas, les organisations féminines internationales sont avec nous.

-   Merci, Jeanne. Nous attendons les résultats sur terrain.

-   Nous allons nous battre. Ils ont invité vingt Congolaises dont la Présidente de FEPOM dont tu connais la compétence et le dynamisme.

-   Bon voyage, Jeanne.

-   Merci, Maman Safi et bon courage. *A luta continua*[71].

Lumoo était très triste et inquiète. L'immobilité des autorités nationales et de la Mission des Nations Unies la révoltaient. Elle savait qu'aucune décision concrète ne serait prise à Genève. Les femmes réunies en conférence ne pouvaient que parler, examiner la situation et s'en remettre aux grands décideurs de ce monde qui tirent les ficelles dans l'ombre pour garantir la prospérité de leur business au mépris des vies innocentes. Elles pouvaient en plus obtenir des Nations Unies l'application de sa propre résolution 1325 sur les femmes, la paix et la sécurité. Elle avait senti dans les propos de ses interlocutrices que les femmes congolaises attendaient beaucoup de ce forum international

---

[71] Lumoo avait trouvé ce cri en lisant une biographie de feu Samora Moses Machel, ancien président du Mozambique. C'était le cri de son combat pour l'indépendance de son pays : *La lutte continue*.

comme dernier recours. Les déléguées du pays réussiraient-elles à toucher la corde sensible pour que toutes leurs partenaires internationales s'engagent à secouer leurs gouvernements respectifs ? Elle n'osa pas répondre à cette question. Avant de s'endormir, elle mit ses notes en ordre.

Le jour venu, elle voyagea en passant par Kinshasa. Tout se passa très bien à Genève. Les déléguées congolaises furent très estimées et reçurent des promesses de soutien de leurs partenaires internationales. La Haut-Commissaire des Nations Unies pour les droits de l'homme s'entretint à huis-clos avec les Congolaises. Au cours de cet entretien elle les rassura que les enquêtes sur les violations les plus graves des droits de l'homme et du droit humanitaire international étaient terminées et que la CPI recevrait tout le dossier dans les deux mois qui suivaient. Quant aux milices qui continuaient à commettre des crimes contre les femmes à l'est et au nord du pays, elle leur révéla qu'un plan de pacification était en élaboration aux Nations Unies.

A La Haye, Lumoo fut reçue par la diaspora congolaise de l'Union Européenne. Elle leur parla du drame en cours dans certaines provinces du pays et du manque de volonté politique pour y mettre fin. Elle leur dit cependant qu'il y avait des lueurs d'espoir car les décideurs du monde et le gouvernement de Kinshasa étaient en pourparlers pour mettre sur pied un mécanisme de sécurisation de la région. Ici aussi tout se passa dans la fraternité et la franchise. Les Congolais de la diaspora s'engagèrent à mobiliser l'Union Européenne autour de cette cause car son poids au Conseil de Sécurité des Nations Unies était indéniable.

De retour à Ngoma, Lumoo se mit tout de suite au travail pour rattraper le retard accumulé pendant son absence. Elle passa des soirées entières à prendre des notes chez ses condisciples pour se mettre à niveau. Des appels fusaient de partout pour lui demander le compte-rendu. Elle promit qu'elle l'enverrait par courrier électronique pour qu'elle ne se répète pas en expliquant individuellement à chaque organisation féminine. Elle était un peu déçue par la conférence qui n'avait accouché que de promesses, même si certaines paraissaient très fermes.

Trois jours après son retour, elle envoya effectivement le compte-rendu à Enkafu, Kindu et Boyoma. La réaction fut la même partout : encore des promesses pour la nième fois. Les criminels vont poursuivre, sans inquiétude leur œuvre destructrice. La déception fut partagée par toutes. Lumoo s'engagea pourtant à assurer le suivi des promesses de Genève.

Etant actuellement en troisième année de graduat, elle dut réduire le nombre de réunions avec les organisations de femmes basées à Ngoma. Elle se concentra sur la rédaction de son TFC[72]. Elle devint de plus en plus rare à la Paroisse, à la mutualité et à la salle de récréation du home des filles étudiantes. La collation des grades académiques était prévue pour fin juillet. Elle devait absolument déposer son TFC fin mai pour avoir le temps de préparer les examens. Ce qui fut fait largement à temps.

Le jour de la collation des grades académiques, ses parents et ses frères étaient là. Maman Mawi n'en revenait pas de voir sa fille unique l'honorer par le sérieux de sa vie et de son travail. Elle réussit avec la mention *grande distinction*. Ce jour-là, elle reçut ses parents autour d'un repas qu'elle paya grâce à ses économies sur les nombreux voyages qu'elle effectuait à l'intérieur du pays mais aussi sur sa bourse. C'était au restaurant *Umoja* de Maman Detty, non loin du Stade de l'Unité. Sa famille n'en revenait pas.

L'ISAM Ngoma, n'ayant pas le cycle de licence, elle devait absolument travailler d'abord avant de penser à aller poursuivre ses études à Kinshasa. Elle disait, en privé, qu'elle n'avait vraiment pas envie d'aller à Kinshasa et qu'elle attendrait le jour où les Sœurs commenceraient ce cycle à Ngoma. Elle avait tout ce qu'il fallait pour réaliser son rêve de toujours, à savoir, monter un centre de coupe et couture pour les femmes victimes des violences sexuelles et les criminels repentis. Au cours de ses voyages elle avait pris des contacts utiles.

---

[72] Travail de fin de cycle.

CHAPITRE IX. LA MAISON FURAHA

Au mois de septembre, elle acheta un terrain, en plein quartier Mabanga, sur le Kibarabara, non loin de l'Institut de Ngoma. En moins de six mois, le Centre était prêt : des bâtiments tout neufs, du mobilier en quantité suffisante et vingt machines à coudre de toute sorte. Un vrai atelier et une grande salle de réunions, des installations sanitaires, une cafeteria, deux chambres pour la permanence et quatre bureaux, faisaient la fierté de tout le quartier. L'inauguration fut programmée pour le huit mars, date très significative dans la vie de Lumoo. Elle invita ses bienfaiteurs nationaux et internationaux, les autorités provinciales et nationales et bien sûr les organisations féminines. Une place spéciale fut réservée aux premières femmes inscrites au Centre, toutes victimes des violences sexuelles. Elles venaient de Masisi, Walikale, Rustshuru et Lubero.

Un problème se posa pour le nom du Centre. Elle demanda aux femmes meurtries de trouver le nom de leur Centre. Elles décidèrent à l'unanimité que le nom devait être en swahili, l'unique langue qui les unissait. Après plusieurs discussions, elles appelèrent Lumoo pour lui annoncer leur choix :

- *Mama, hii nyumba itaitwa : Maison Furaha.*
- *Jina hii munaitosha wapi ?,* demanda Lumoo.
- *Hii nyumba italeta furaha kwa wamama waliobakwa kinyama.*
- *Jina langu Lumoo maana yake furaha[73].*

Le huit mars fut une très grande journée, haute en couleurs. Le Vice-Premier Ministre en charge des questions sociales présida la manifestation devant plus de mille invités sans compter les auto-invités qui ne ratent jamais une telle occasion. La propriété était suffisamment grande pour contenir tout le monde avec les voitures, pour ceux qui en avaient. Le mot de bienvenue fut prononcé par Mme Cibicabantu, combattante acharnée des droits de la femme dans la Province du Sud Kivu. Elle avait beaucoup d'admiration pour Lumoo qu'elle appelait

---

[73] Conversation en swahili qu'on pourrait traduire comme suit :
- *Maman, cette maison s'appellera : Furaha (la joie).*
- *Où avez-vous trouvé ce nom ?*
- *Cette maison donnera la joie aux femmes sauvagement violées.*
- *Mon nom est Lumoo. Il signifie Furaha.*

très symboliquement *Zawadi*, sous-entendu, *ya Mungu*[74]. Dans son mot de bienvenue, elle dit :

- Dieu nous aime beaucoup, nous les femmes congolaises. Il nous a envoyé cette jeune fille pour nous secouer et inquiéter les décideurs pour qu'enfin l'humiliation de la femme cesse et que les auteurs des crimes commis contre la femme soient exemplairement punis. Mlle Jeanne Lumoo n'a que vingt-deux ans mais ce qu'elle a déjà fait pour nous les femmes est aussi long qu'un chemin. Nous demandons à toutes les femmes et les hommes de bonne volonté de l'aider à faire fonctionner la Maison Furaha et à étendre ses activités à d'autres régions. La route est encore longue, c'est vrai, mais unies nous vaincrons.

Lumoo adressa un tout petit mot à l'assistance :

Je remercie le Tout-Puissant pour la vie qu'il nous donne chaque jour. Je vous exhorte à ne jamais oublier de lui rendre grâces à toute occasion. Sans lui, nous ne serions pas ici comme certaines de nos compatriotes qui ont été lâchement et sauvagement tuées depuis quelques années dans notre pays. Elles avaient commis un délit très grave: celui d'être nées femmes. Je remercie aussi mes chers parents, ici présents. Leurs sacrifices pour moi et l'éducation qu'ils m'ont donnée m'accompagnent toujours. Merci à vous tous, femmes et hommes, jeunes et vieux, pour votre soutien et votre intérêt à ce que nous faisons avec les femmes victimes d'une société fratricide et indifférente. Si vous continuez à nous aider, nous allons ouvrir, très prochainement, un pavillon pour accueillir les rescapées des viols et des mutilations sexuelles. Faites-le par amour et reconnaissance pour vos mamans, vos sœurs, vos cousines, vos tantes, vos épouses et pour la République Démocratique du Congo, notre pays que nous aimons tous. Nous sommes déjà en contact avec deux médecins et quatre infirmières. Et vous, femmes victimes d'abus sexuels de toutes sortes, la Maison Furaha est votre maison. Elle vous est ouverte le jour comme la nuit, du premier au dernier jour du mois. Nous avons décidé d'accueillir aussi à la Maison Furaha les auteurs repentis des actes criminels qu'ils ont commis contre la femme car ils ont besoin d'un cadre d'amour pour refaire leur vie. Ils trouveront dans cette maison la joie et l'affection qu'ils n'ont jamais connues.

Vive la République Démocratique du Congo.
Vive la femme congolaise.
Karibu sana ku Maison Furaha[75].

---

[74] Ces mots swahili signifient : *Cadeau de Dieu.*

138

Je vous remercie.

Lumoo fut très applaudie par toute l'assistance. Elle invita ensuite le Vice-Premier Ministre, représentant spécial et personnel du Chef de l'Etat, à couper le ruban symbolique. Comme les politiciens aiment bien les discours, il ne s'empêcha pas de parler pour promettre monts et merveilles. Il annonça à la même occasion qu'une opération militaire allait être lancée pour nettoyer l'est et le nord du pays de tous les bandits qui se cachaient encore dans la brousse. Il ne dit rien cependant sur le sort réservé aux responsables des violations les plus graves des droits de l'homme et du droit humanitaire international. Il remit une enveloppe à Lumoo, cadeau du Président de la République. Le gouvernement dont il était Vice-Premier Ministre ne donna rien.

Dans le coin, les gens étaient habitués à ce genre de propos démagogiques. On l'écouta avec politesse. En le voyant couper le ruban symbolique, Papa Mburashi se souvint d'une histoire que leur patron leur avait racontée :

- Le Premier Ministre d'un pays très catholique mourut. On l'enterra avec tous les honneurs dus à son rang. Lorsqu'il fut reçu par Saint Pierre, il lui remit le règlement intérieur du ciel. Le premier article stipulait : *Ici chacun continue à faire le travail qu'il faisait sur terre.* Ne comprenant pas le sens cet article, il posa la question à Saint Pierre. Celui-ci lui dit : *C'est simple. Si tu étais menuisier, tu continues à fabriquer des meubles. Si tu étais commerçant, la même chose, etc.* Alors Saint Pierre lui demanda : *Quel était ton métier ? J'étais Premier Ministre,* répondit-il avec arrogance. *Alors tu continueras à être Premier Ministre,* lui dit Saint Pierre. Il répondit étonné : *Mais Monsieur, j'étais poseur de premières pierres !*

En effet plusieurs politiciens passent leur temps à *poser les premières pierres* et à *inaugurer.* Pendant que le Vice-Premier Ministre coupait le ruban, un jeune homme s'approcha de Lumoo et lui souffla quelque chose à l'oreille. Sa mine changea immédiatement. Elle prit son téléphone et appela quelqu'un. Son ton était angoissé et menaçant. On n'entendait pas distinctement ce qu'elle disait à cause du bruit des gens mais on pouvait lire sur son visage la colère et la déception. Après avoir raccroché, elle échangea quelques mots furtifs avec le Vice-Premier Ministre. Elle avança ensuite vers le micro et dit, avec un air très grave :

Il y en a qui sont vraiment décidés à défier la femme, la nation et toute la communauté internationale. Au moment même où nous

---

[75] Cette expression est très courante en swahili : *Soyez (vraiment) le(s) bienvenu(s) à la Maison Furaha.*

unissons nos efforts pour soulager les victimes des violences sexuelles, certains de nos compatriotes continuent leur sale besogne. Je viens d'apprendre que la police vient de découvrir deux corps de femmes inertes dans les environs de l'aéroport. Tous les deux ont des traces de viol et ont été mutilés : les criminels ont coupé les seins et les parties intimes à une, à l'autre on a arraché les seins et introduit des morceaux de bois et du sable dans ses membres secrets. Une est décédée sur le coup des suites de l'hémorragie tandis que la deuxième respire encore. Elle vient d'être conduite à l'Hôpital Docx. Les deux femmes, c'était une mère et sa fille qui récoltaient des légumes pour les amener au marché de Birere. Quand tout ceci va-t-il s'arrêter ? Quand ? Mais quand donc ?

Elle était enragée. Elle oublia même qu'elle n'était pas seule. La foule fut profondément attristée. Le Vice-Premier Ministre fut terriblement gênée. La fête fut ainsi perturbée. Les gens se dispersèrent en secouant la tête. Les invités venus de loin restèrent encore un peu avant de regagner leurs hôtels. Aussitôt les radios et les télévisions nationales et internationales diffusèrent la triste nouvelle. Radio Okapi se rendit sur les lieux : on eut cru un abattoir. Du sang épais et frais couvrait le sol et les feuilles de choux tout autour de l'endroit lugubre. C'était le sang de la mère et de sa fille. La mère n'avait pas pu survivre, vu son âge. Tous ceux qui voyaient ça maudissaient les auteurs. Et pourtant, il y avait un poste de police non loin de là, sur la route principale Ngoma-Kibumba. Les reporters de Radio Okapi furent les seuls à être autorisés par le médecin à voir la pauvre jeune fille. Elle avait dix-huit ans. Elle ne parlait pas et avait des sondes dans tous les orifices. Les médecins avaient réussi à arrêter l'hémorragie et tentaient de nettoyer les parties intimes avant de les soigner. C'est alors qu'ils se rendirent compte que les *bouchers* avaient tourné un couteau ou une baïonnette dans les cavités internes. Toutes les parties externes avaient disparu. Quelle horreur ! Le Médecin Directeur expliqua aux journalistes :

Nous en recevons, en moyenne, seize par semaine : certaines presqu'en lambeaux, d'autres dans le coma ou carrément mortes. On réussit, parfois à réparer les déchirures et à soigner les plaies profondes par des procédés modernes plus rapides que le pansement classique, ce qui pourrait prendre des mois. Mais le plus dramatique c'est lorsqu'elles développent des fistules. Là nous sommes obligés de faire venir des confrères des Etats-Unis et un médecin gynéco-traumatologue congolais de l'Université de Port-Empain, le Docteur Mangue. Dans plusieurs cas les fistules aboutissent en des traumatismes invalidants.

Les auditeurs eurent tous ces détails dans tous les journaux parlés pendant deux jours. Aussitôt après le départ du Vice-Premier Ministre, Lumoo se rendit à l'Hôpital Docx pour se rendre compte de la situation. Tous les médecins la connaissaient très bien, car ils travaillaient ensemble pour le suivi des femmes victimes des violences sexuelles. On la conduisit tout droit là où se trouvait la jeune fille agressée, violée et mutilée. Elle resta à ses côtés pendant plus de deux heures espérant qu'elle ouvrirait les yeux et la bouche. Mais elle ne put reprendre connaissance que le huitième jour. Elle ne se souvenait de rien. Tout ce qu'elle put demander : *Où est maman ?*

Le médecin donna l'ordre à tout le personnel soignant de ne pas lui dire que sa maman était décédée. Il fallait qu'elle retrouve toutes ses facultés d'abord avant de le lui annoncer, sinon elle pouvait faire une rechute fatale. La consigne fut observée. Et progressivement, elle commença à poser des questions qui indiquaient au médecin traitant que le processus de recouvrement était enclenché. Plus tard, elle put raconter au médecin ce qui était arrivé :

Nous étions dans notre jardin potager pour récolter des légumes comme chaque mardi et vendredi, afin de venir les vendre au marché de Birere. Tout à coup, nous avons vu huit gaillards, habillés très drôlement. Ils avaient de petits fusils[76] *cachés sous leurs chemises. Ils nous ont d'abord dit qu'ils cherchaient des* interahamwe[77]*. Ensuite, ils nous ont demandé de les suivre pour s'éloigner de la route. Nous avons refusé. Ils nous ont menacées avec leurs petits fusils. Nous étions obligées de les suivre. Arrivés au milieu des choux, ils nous ont brutalisées et ont commencé à nous violer à tour de rôle. Après je ne me souviens plus de rien. Quand je me suis réveillée, j'étais sur ce lit.*

Le médecin avait déjà entendu le même scénario des centaines de fois. Elle appela Lumoo pour lui faire le récit de la pauvre fille. Lumoo dut interrompre l'entretien qu'elle tenait avec deux autres femmes venues de Mweso qui lui racontaient leur calvaire lors d'une attaque d'une milice présente dans la région à la poursuite de supposées *forces négatives*. Elle prit tout de suite sa voiture et fila tout droit à l'Hôpital.

- La fille est hors de danger, lui dit le Médecin Directeur.
- Dieu soit loué !
- Ses parties intimes étaient complètement détruites. Elle est restée dans le coma pendant huit jours. Les médecins ont pu diagnostiquer une fistule très compliquée. Ils étudient comment intervenir chirurgicalement. En attendant, elle est sous sonde. C'est le

---

[76] Probablement des pistolets (revolvers).
[77] Miliciens rwandais apparus dans la région en 1994.

moindre mal. Mais elle ne pourra jamais concevoir, car même les ovaires et l'utérus ont été gravement endommagés.

- Si elle peut vivre, c'est toujours ça de gagné. Connaît-elle les agresseurs ?
- Elle ne les avait jamais vus auparavant.
- Peut-elle les reconnaître ?
- Il faudra le lui demander. Nous, on n'est pas des policiers. Nous soignons les traumatismes physiques et parfois psychiques. Mais les enquêtes, ce n'est pas notre métier.
- Je comprends, Docteur. Puis-je cependant avoir un rapport détaillé de son état depuis son arrivée ?
- Oui, Jeanne. Ce sera prêt demain aux environs de dix heures.

Lumoo décida de déposer une plainte contre inconnu à la police. Avant de quitter l'hôpital, elle s'entretint longuement avec la jeune fille pour avoir quelques éléments de piste afin de lancer son réseau aux trousses des violeurs. En effet, n'ayant aucune dévotion particulière pour la police et ses méthodes de travail, elle avait créé son propre groupe d'investigateurs. Ils étaient très efficaces. La plupart étaient ses anciens condisciples et d'autres des étudiants. Avec le peu d'aides qu'elle recevait, elle leur avait acheté du matériel sophistiqué miniaturisé pour ne pas attirer l'attention des gens. Ils pouvaient ainsi filmer en toute tranquillité sans être repérés. Ils pouvaient également observer des scènes qui se passaient loin d'eux grâce à des jumelles incrustées dans des lunettes ou des téléphones cellulaires.

L'OPJ[78] de garde la reçut avec nonchalance, en bâillant sans manières. Lumoo ne fit pas cas de cette indélicatesse.

- Je viens déposer une plainte contre inconnu, dit-elle.
- Quel inconnu ?, demanda l'OPJ.
- Ce sera à vous de le chercher, c'est pourquoi je l'appelle inconnu.
- Des plaintes contre ce monsieur-là, c'est plein ici. Il doit être un homme très important ou alors un bandit de grand chemin. Ce qui est drôle c'est qu'on ne le trouve jamais pourtant il continue à commettre des infractions.
- Mr l'OPJ, faites tout pour retrouver cet inconnu.
- Mme ou Mlle, je ne sais pas, je …
- Mlle.
- Ok. Moi je ne fais qu'enregistrer les plaintes contre Mr Inconnu. Ce n'est pas à moi de le chercher.

---

[78] Officier de Police Judiciaire.

-   D'accord.
-   Mlle, raconte-moi ce que Mr Inconnu a encore fait.

Lumoo prit tout son temps pour lui raconter l'objet de la plainte. Elle dut répéter plusieurs fois la même chose car le fameux OPJ ne semblait pas tout à fait en bonne forme. Il avait l'air d'avoir dormi tout l'avant-midi. En un certain moment, son stylo cessa d'écrire. Il essaya de le frotter contre un morceau de carton qui servait de sous-mains, mais en vain. Lumoo ouvrit son sac à main, en retira un stylo et le tendit à l'officier.

-   Monsieur, voici un autre stylo, lui dit-elle.
-   Merci Mme, pardon, Mlle. Ici c'est toujours comme ça. Nous faisons des rapports et des rapports pour qu'on nous donne les fournitures de bureau mais tout le monde fait la sourde oreille. Prépare aussi un peu de papier duplicateur car c'est le dernier réemploi qui me reste.
-   Ce n'est pas grave, Monsieur. Je comprends parfaitement. Ce n'est guère mieux ailleurs. Courage, ça va changer progressivement.
-   Merci, Mlle. pour les encouragements. Nous attendons le changement depuis la Conférence Nationale. Continue ta déposition.

Lumoo reprit le récit des événements tels que la jeune fille les lui avait relatés. De temps en temps, l'officier stoppait pour répondre au téléphone. C'était normal car il était de garde. Il répondait tout en se plaignant de ces appels qui répétaient les mêmes histoires : bagarre au marché de Virunga, accident grave au port, un voleur battu à mort au dépôt Mvano, un camion surpris en train de décharger des marchandises qui ressemblaient à des armes … Il n'accordait aucune importance à ce qu'on lui rapportait au téléphone. Lumoo comprit pourquoi les appels à la police n'étaient jamais suivis d'effet.

-   C'est tout, Mlle ?, demanda l'officier.
-   Rien d'autre Mr l'OPJ.
-   D'accord. Veux-tu signer ici, s'il te plaît. Ce PV sera transmis à l'officier chargé des investigations. Je pense cette fois-ci que ce sera la dernière infraction de Mr Inconnu car nous allons le traquer. Pourquoi doit-il s'en prendre aux filles et aux femmes d'autrui ?
-   Merci, Mr l'OPJ. Je compte sur vous.
-   Mlle, tu me laisses comme ça, moi ton père !

Ce type de langage était très connu de tous. Lumoo, tira un billet de cinq cents francs de la poche de sa chemise. L'OPJ n'en finit pas de la remercier. Elle savait très bien que le dépôt de la plainte était une grande formalité. Il n'y aurait pas de suite. Elle l'avait déjà fait plusieurs fois. C'est pourquoi elle avait pensé à avoir son propre réseau de détectives privés. Elle se précipita pour rentrer à la Maison Furaha

143

en passant par son domicile. Elle avait réussi à construire une maison très modeste juste à côté du Foyer Ngongo des Missionnaires d'Afrique. Sa maison se trouvait à quelques cinq minutes de marche de la Maison Furaha. Ceci lui permettait de ne pas faire de longues distances surtout en cas d'urgence. Elle réunit assez rapidement ses détectives, leur traça le portrait-robot des huit criminels recherchés et leur donna vingt-quatre heures pour les trouver. Il fallait faire vite avant qu'ils ne disparaissent dans la nature ou qu'ils ne commettent d'autres crimes.

La récolte fut très fructueuse puisqu'au bout de six heures seulement, ils localisèrent trois membres de la bande, dont un qui était certainement le chef. Avant d'alerter la police, Lumoo attendit de localiser les autres. Ce fut fait. En effet cette nuit-là vers minuit, tout le groupe de huit se retrouva chez le chef probablement pour faire le point et planifier d'autres activités obscures. Les détectives étaient en communication directe et permanente avec Lumoo. Celle-ci avait préparé l'assaut avec un colonel de la police qui luttait contre le banditisme dans la ville. Un commando spécial les cueillit comme des sauterelles vers une heure du matin dans le quartier Ndosho. Ils furent conduits à la police, menottes aux poings. Le lendemain, toute la ville était au courant. On crut que cette prise découragerait les autres malfaiteurs. Les jours qui suivirent désillusionnèrent les naïfs.

CHAPITRE X. FEMME ENGAGEE ET EPOUSE FIDELE

Les années passèrent vite. Lumoo n'avait plus que son combat en tête. Elle avait oublié qu'elle était femme et que selon la coutume elle devait absolument se marier. Des prétendants ne manquaient pas. Des plus sérieux aux plus farfelus, ils défilaient chez elle pour tenter leur chance. Elle avait à présent vingt-quatre ans. Elle était très dure, combattive, dynamique, intelligente mais pas insensible aux marques d'amour et de tendresse. Un homme sut toucher son cœur. Elle le repoussa au début, mais il revint à la charge, comme le font souvent les hommes.

Lumoo l'aima, d'un vrai amour. Le monsieur avait vingt-huit ans d'âge, cadre dans une banque qui venait de s'installer dans la Ville. Ils se fréquentèrent pendant six mois, question de se connaître un peu. Les parents du monsieur se trouvaient au Bas-Congo, plus précisément à Nkamba. Il avait fait ses études en Economie à l'UPC[79]. Il chercha parmi les originaires du Bas-Congo, trois sages pour l'accompagner chez les parents de Lumoo. Cette dernière prit la précaution de les avertir.

Tout se passa très bien. La date de la dot fut fixée pour la fin du mois de juillet et le mariage le 4 septembre de la même année. Les préparatifs occupèrent les journées de Lumoo qui tenait à se marier dans de bonnes conditions. Ils contactèrent le Curé de la Paroisse Cathédrale pour la catéchèse prénuptiale. Le Curé n'y trouva aucun inconvénient et convint avec les futurs époux de les rencontrer chaque samedi après-midi. Les parents de Lumoo, surtout la mère, exigèrent que la célébration du mariage se passe à la Paroisse de Saki. Les deux curés arrangèrent tous les documents à cet effet. Lumoo n'étant pas une inconnue dans le milieu, tout le monde voulut être invité. Les hommes d'affaires qui soutenaient ses activités lui offrirent des cadeaux très variés, longtemps avant la célébration. Les hôteliers lui proposèrent chacun leurs services gratuitement. Les gens disaient qu'il fallait la remercier pour ce qu'elle faisait avec les femmes victimes des viols et des mutilations. C'était pour eux une façon de l'encourager et de participer à son combat.

Lumoo choisit comme cadre pour le banquet, l'Hôtel Ihusi, en mémoire d'*une certaine* journée internationale de la femme, le jour où

---

[79] Université Protestante au Congo.

sa vie avait définitivement basculé. Tout avait un sens dans la vie de Lumoo. Le 4 septembre tous leurs invités se rendirent à Saki pour la célébration eucharistique au cours de laquelle Mlle Jeanne Lumoo devint Mme Jeanne Lumoo Massamba. Tout Saki vibra au rythme de l'événement et de danses traditionnelles. Les amies de Maman Mali exhibèrent des pas de danse que les jeunes ne pouvaient pas imiter, habitués qu'ils étaient à des danses dont ils ne connaissaient pas l'origine et dont ils ne comprenaient pas les paroles.

Après toutes les formalités d'usage, le protocole annonça ce qui suit :

- Tous les invités des deux familles et les invités d'honneur seront reçus à l'Hôtel Ihusi pour le banquet.

- Les autres invités sont attendus à la Maison des Jeunes.

- Les femmes internes et les travailleurs de la Maison Furaha auront leur repas sur place à la Maison Furaha pour des raisons de sécurité.

- Nous nous retrouverons ensuite, tous, à l'Hôtel Karibu pour la soirée dansante autour de Mme Jeanne Lumoo Massamba et de Mr Victor Massamba Nkosi.

Il n'y eut aucun incident toute la soirée. Les invités partirent le lendemain matin très contents. Les parents de Mr Victor Massamba restèrent encore presqu'un mois à Ngoma pour respirer l'air frais du Lac et apprécier les merveilles de l'ex Suisse d'Afrique. Après leur départ, les nouveaux mariés s'évadèrent en voyage de noces. Lumoo n'eut pas beaucoup de peine à convaincre son mari qu'Enkafu offrait le cadre idéal pour leur lune de miel. Leurs amis leur offrirent des billets d'avion pour l'étranger mais ils les refusèrent poliment. Ils prirent la vedette *Africa Queen* qui appartenait dans le temps à TMK[80]. La préférence de Lumoo pour Enkafu n'était pas le fait du hasard. Elle voulait toucher du doigt le calvaire que vivaient les femmes violées prises en charge par l'Hôpital de Panzi. Elle voulait se sentir proche d'elles, partager leurs peines et leur communiquer sa joie et ses espoirs. Elle et son mari avaient réservé une chambre dans un petit hôtel de Nyawera, non loin du petit marché du même nom, sur l'Avenue Kasaï.

Aussitôt qu'ils étaient installés à l'hôtel, Lumoo appela le Médecin Directeur de l'Hôpital pour lui annoncer sa présence dans la Ville. Dans l'après-midi, ils firent un tour à l'Hôpital. L'infirmière de garde au pavillon des femmes victimes des violences sexuelles leur fit visiter les cellules et les tentes concernées. Ils s'arrêtaient de temps en temps,

---

[80] Transports et Messageries au Kivu.

attirés par l'un ou l'autre cas. Certaines femmes avaient déjà entendu parler de Jeanne Lumoo et désiraient réellement la voir et lui parler. Cette première visite était juste pour tâter le terrain. Le travail était énorme. Elle ne s'attendait pas à voir tant de femmes couchées là, parfois incapables de bouger d'elles-mêmes. Leur nombre l'impressionna et donna une idée plus ou moins réelle de l'ampleur du fléau qu'elle et ses collègues combattaient. Il fallait absolument couper le mal à la racine, c'est-à-dire démanteler les milices et leurs *abattoirs* de camps et interdire l'exploitation anarchique des minerais dans la région. En attendant, il fallait porter secours à celles qui avaient pu échapper à la mort mais qui portaient les séquelles des agressions sexuelles qu'elles avaient subies.

Mme Lumoo ne savait pas par où commencer. Au cours de cette visite révoltante, un cas particulièrement poignant attira son attention. Elle demanda à l'infirmière et à son mari s'ils pouvaient la laisser seule avec la malade. Elle voulait lui parler, loin de témoins. C'était une femme d'âge moyen, belle, à peu près deux mètres de taille, maniant aisément la langue de Molière et celle de Shakespeare. Elle lisait un livre d'Alexandre Soljenitsyne[81], intitulé *Le Pavillon des cancéreux*. Dans ce roman, l'auteur décrivait le drame qui se passa dans un petit village russe en Ouzbékistan. Les malades atteints de cancer y avaient leur propre pavillon. Ils étaient logés sans distinction de classe sociale ni de rang politique. De hauts cadres du parti communiste y côtoyaient de simples citoyens. Le personnel soignant était débordé face à l'ampleur de la maladie et au nombre de malades. Il travaillait dans des conditions matérielles très difficiles. Un des médecins, une femme, finit elle-même par attraper le cancer.

En gros, dans ce roman l'auteur dépeignait le mal qui rongeait la société russe. En le lisant, la malade d'Enkafu, eut l'impression qu'elle se trouvait au *Pavillon des cancéreux*, reléguée dans un coin de l'Hôpital, de la Ville, du pays. Les médecins et les infirmiers se trouvaient impuissants face aux souffrances de toutes ces femmes dont certaines auraient préféré une mort subite plutôt que de languir sous les tentes. Les conditions de travail ressemblaient à celles décrites par Alexandre Soljenitsyne. Un moment, elle se demanda si elle vivait encore. Mme Lumoo la sortit de sa méditation :
- Bonjour Mme, lui dit-elle.
- Mme Fikiri. Bonjour Mme Jeanne.
- Ah, tu me connais ! Intéressant !

---

[81] Ecrivain russe, né en 1918 et Prix Nobel de littérature en 1970. La première édition de ce roman est de 1968.

- Oui, Mme. Tout le monde ici te connaît, ne serait-ce que par le nom.
- Comment vas-tu, Mme Fikiri ?
- Comme tu peux le voir, je suis clouée sur ce lit de fortune depuis bientôt quatre mois.
- Vous recevez des soins, j'espère ?
- Les médecins et les infirmiers font ce qu'ils peuvent.
- Toutes mes excuses, Mme. Je sais qu'il est très douloureux de revenir sur des événements tristes. Peut-on en parler ?
- Mme Jeanne, ce n'est pas à toi que je vais cacher ce qui m'est arrivé. Tu te bats, corps et âme, pour nous. Nous avons peur et honte de raconter notre histoire car nous craignons la stigmatisation et le rejet par la société. Mais de toutes les façons ma présence dans ce *pavillon des cancéreux* ne passe pas inaperçue.
- En effet, oui, Mme. Quand je t'ai vue, j'ai tout de suite voulu te parler.
- Je commence par la fin. Je suis arrivée ici le 15 juin dernier, dans un état très lamentable. J'avais été agressée par des gens que je qualifie de bandits dans un petit village appelé Hombo non loin de Walikale. Je me trouvais à bord d'un véhicule en provenance d'Enkafu et j'allais comme d'habitude faire mon commerce d'or. En effet, j'achetais de l'or à Walikale et je venais le revendre dans mon comptoir légalement établi ici à Enkafu. J'avais toutes les autorisations requises et je payais les taxes réglementaires. Les agresseurs séparèrent les femmes des hommes. Nous les femmes, ils nous amenèrent dans la forêt. Nous avons marché pendant plus de deux heures, au bout desquelles nous avons atteint un véritable village en pleine forêt. Beaucoup de femmes et des enfants s'y trouvaient. Après information auprès des autres femmes, j'appris que c'était une carrière d'or et de coltan. Mon calvaire commença ce jour-là. Je fus mise à la disposition du chef de la bande et exemptée des travaux forcés afin d'avoir l'énergie nécessaire pour les *loisirs* du chef. J'étais *sa chose* qu'il pouvait utiliser n'importe quand. Un jour, je réussis à m'échapper, profitant d'une nouvelle venue dans le harem. Le chef était occupé à l'initier au *boulot*. Connaissant très bien la région, j'ai marché pendant une semaine, en évitant les grands axes pour ne pas tomber entre les mains d'autres bandits. Je me suis retrouvée, comme par hasard, à Kabare. J'étais exténuée et j'avais les pieds enflés. Je me nourrissais de fruits sauvages. C'est de là qu'on m'a amenée ici.

Mme Lumoo suivit très attentivement ce récit macabre. Elle intervenait, de temps à autre, pour poser quelques petites questions de routine. La santé de Mme Fikiri ne s'était pas améliorée. Pendant son long séjour dans la forêt, au service du chef de la bande des creuseurs[82], elle avait été en contact avec le virus du sida. Le médecin qui avait demandé le diagnostic eut beaucoup de peine à le lui annoncer. Elle le savait à présent. Sa peine était surtout que le monsieur qui l'avait contaminée continuait à distribuer le virus mortel à d'autres femmes qui le distribueront à leurs partenaires, si un jour elles étaient libérées. En apprenant tout ça, Mme Lumoo resta immobile et silencieuse pendant de longs moments. Elle pensait à cette femme et à beaucoup d'autres dans le même cas. Il y en avait sûrement dans plusieurs villages qui n'osaient pas en parler et qui donc transmettaient, malgré elles le virus à leurs maris et à d'autres.

Par où commencer ?, se dit-elle pour la nième fois. Elle adressa quelques mots de réconfort et d'encouragement à Mme Fikiri qu'elle fut obligée de quitter car son mari et ses deux enfants venaient d'entrer pour lui rendre visite. Avant de la laisser partir, elle lui dit :

- Mme Jeanne, ne te décourage pas. Dieu ne nous abandonnera jamais. Le combat est rude, inégal et long, mais il ne faut pas baisser les bras. Cependant, ne sois pas naïve. Les violences faites à la femme ne constituent pas la préoccupation de toute la société et en tout cas pas des grands de ce monde malgré leurs discours mielleux. Fais attention à toi, Jeanne. Tout le monde n'est pas content de ce que tu fais. Tu es un reproche vivant. *Fanya angalisho, mwenzangu*[83].

Ces derniers mots sonnèrent dans les oreilles de Mme Lumoo comme une mise en garde aux allures d'un testament. La tristesse remplit son cœur. Son imagination et son sixième sens lui suggérèrent tant de scénarios possibles. Elle s'éloigna de Mme Fikiri toute pensive. Son mari la trouva troublée et désorientée. Il se demanda ce qui avait pu arriver à son épouse. Il n'osa pas lui poser la question en présence de l'infirmière qui visiblement ne s'était pas ennuyée en compagnie de Mr Victor Massamba. Avant de quitter l'Hôpital, ils passèrent remercier le Médecin Directeur et lui promettre que désormais elle passerait chaque jour pour parler avec les mamans hospitalisées. Ensuite, ils marchèrent, la main dans la main, vers l'arrêt de taxi. Il pleuvinait un peu dehors et en même temps dans le cœur de Mme Lumoo coulaient des torrents de pensées.

Avant de monter à bord du taxi, ils achetèrent quelques fruits, une des caractéristiques de la région. La vie continuait loin du *pavillon des*

---

[82] C'est le nom qu'on donne aux chercheurs des minerais dans la région, puisqu'ils doivent creuser.
[83] Ces mots prononcés en swahili veulent dire : *Fais attention à toi, ma copine.*

cancéreux. Les gens allaient et venaient, vendaient et achetaient. Un visiteur ne se serait jamais rendu compte qu'au milieu de ce monde de business, quelque part dans un coin oublié, des compatriotes souffraient. Nombreux étaient les habitants de cette ville, en plein essor économique, qui ignoraient jusqu'à l'existence de ce *mouroir* où la bravoure et le dévouement du personnel soignant ne suffisaient plus pour sauver les vies humaines innocentes, fauchées inutilement par la cupidité, la méchanceté et la barbarie des hommes. Quels hommes ! C'eut été mieux de trouver un autre mot pour les désigner.

A bord du taxi, Mme Lumoo ne faisait qu'observer les gens, leurs visages. Elle pouvait lire l'inquiétude sur certaines figures, inquiétude du lendemain, inquiétude du ventre et d'un toit. Le sort des locataires du *pavillon des cancéreux* qu'elle venait de visiter, n'intéressait pas l'homme de la rue saisi dans le tourbillon d'un monde qui lui échappait complètement. Ici, chacun courait après sa survie et celle des siens. Les autres, les pouvoirs publics n'avaient qu'à s'en charger. Eh ! oui, les pouvoirs publics, toujours eux les boucs émissaires ! Mme Lumoo savait très bien qu'ils avaient leur part de responsabilité dans ce qu'elle venait de voir mais elle était de plus en plus convaincue que l'ennemi de l'homme c'était l'homme lui-même. Les romains ne disaient-ils pas : *Homo homini lupus*[84].

Les pouvoirs publics ont justement la lourde responsabilité naturelle d'empêcher que les hommes soient des loups pour leurs semblables. Apparemment, c'est là qu'on se trouvait dans cette région morcelée, un *no man's land*, diraient les anglophones. Une région qui échappait au contrôle des pouvoirs publics et les loups circulaient en toute liberté à la recherche de quoi se mettre sous la dent. Leurs victimes privilégiées étaient les femmes. Quand donc les autorités publiques se décideraient-elles de se lancer à la poursuite de ces loups qui n'étaient pourtant pas invisibles ? Sauf si c'est elles-mêmes les loups.

Mme Lumoo refusa d'envisager cette dernière hypothèse. Son éducation, sa formation et son honnêteté lui interdirent de prêter des intentions aux gens. Son mari s'inquiéta un moment de son silence et de la distraction qu'elle n'arrivait plus à cacher. Dans le taxi, hurlait une vieille radio couverte de poussière. Elle diffusait de la musique congolaise moderne. On connaît le contenu classique et chronique de cette musique. C'est toujours la femme, l'amour charnel … Aujourd'hui les musiciens ont cru l'enrichir un peu en y ajoutant la

---

[84] Expression latine qui se traduit comme suit : *L'homme est un loup pour l'homme.*

polémique entre leurs clans. Pour Mme Lumoo, la femme les intéresse tant qu'ils peuvent profiter d'elle, de sa beauté, de sa jeunesse, de ses charmes, de sa sensualité, de sa naïveté. Celles qui sont *parquées* au *pavillon des cancéreux* n'intéressent plus les hommes. Elles sont finies ; ce sont des épaves, des carcasses, bonnes pour la casse, la poubelle de l'humanité.

- Chérie, nous sommes arrivés, dit Victor.
- Si vite !
- Oui, chérie. Tu monologuais tout le temps. Je n'ai pas voulu te déranger.
- Que disais-je ? J'ai honte, chérie.
- Tu t'en prenais à tout le monde.
- Toutes mes excuses, chérie. Je suis dépassée par l'immensité et la complexité du problème qui me préoccupe. On n'en sortira pas sans le concours de tout le monde.
- Tu as raison. La situation est trop complexe, avec une multitude de ramifications à l'intérieur comme à l'extérieur du pays. Pour en venir à bout il faudrait plus que la volonté d'un seul individu.
- Chéri, tu as payé le taximan ?
- Pardon, tu m'as embarqué dans tes réflexions et j'ai oublié qu'il attendait.

Mr Victor Massamba était réellement soucieux. Son épouse se sentait concernée par tout ce qui se passait dans la région et qui pesait sur la vie de plusieurs milliers de femmes. Il commençait à se demander si elle en sortirait vivante, tellement elle s'impliquait de plus en plus profondément dans la recherche d'une solution durable. Les dessous de cartes politiques de cette situation devenaient au fur et à mesure très clairs. A un problème politique, il faut des solutions politiques, disent les politiciens. Mr Victor le savait par expérience, vu les obstacles d'ordre politique que sa banque avait rencontrés pour s'installer à Ngoma.

Dans la soirée, Mme Lumoo lui partagea sa conversation avec Mme Fikiri à l'Hôpital. Elle attira son attention sur les dernières paroles de celle-ci : *Fanya angalisho, mwenzangu*. Ensemble, ils examinèrent froidement la situation. Leur conclusion fut qu'il fallait faire sérieusement attention. Certaines personnes ne seraient pas mécontentes de la voir disparaître. Elle gênait leurs affaires. Elle devenait trop encombrante. Tout ceci ne la découragea pas. Elle continua à aller à l'Hôpital de Panzi tous les matins. Les après-midis étaient consacrés au couple. Un soir, alors qu'ils prenaient leur repas dans un restaurant au bord du Lac, elle reçut un appel téléphonique anonyme, avec un numéro masqué. Le mystérieux correspondant lui dit laconiquement :

Nous savons que tu es à Enkafu, pas pour le voyage de noces mais pour monter des plans contre nous. Mais sache que si nous ne pouvons plus exploiter les minerais tu nous le payeras très cher. Les femmes violées ce n'est pas ton problème. Nous avons besoin de femmes pour nos hommes qui travaillent pour nous dans la forêt. Si tu veux de l'argent, nous sommes prêts à t'en procurer. Tiens-toi hors de ce business. Tu n'y peux rien. Nous avons des parapluies partout, même au sein de votre gouvernement, de votre armée et de votre police. L'argent nous ouvre toutes les portes. Un homme averti en vaut deux.

Elle avait activé les haut-parleurs de son téléphone. Ils avaient suivi la menace tous les deux. Le repas devint amer. Ils durent rentrer très vite à l'hôtel. Ils étaient terrifiés. C'était la première fois que Mme Lumoo recevait une menace directe contre sa vie. En chemin, ils ne se parlèrent pas. Tout pouvait arriver, n'importe quand. Elle se sentit dans une totale insécurité. Mme Fikiri avait donc raison de la mettre en garde. Au cours de sa captivité, elle avait eu le temps de glaner des informations auprès de l'homme dont elle assouvissait les instincts. Elle avait alors compris que les viols n'étaient qu'un honteux subterfuge dont les *intouchables* se servaient pour garder la mainmise sur leurs hommes sur terrain.

Pour combattre efficacement ce crime contre l'humanité, il fallait s'attaquer au réseau tentaculaire mafieux qui maintenait un climat d'insécurité et de terreur dans la région dans le seul but de la rendre ingouvernable. Il pouvait ainsi, par personnes interposées, continuer à se servir à la source sans peur d'être délogé. C'est cette triste réalité que Mme Lumoo venait tout à coup de découvrir. Les violences sexuelles étaient réelles et faisaient des ravages, mais ce n'était pas elles qu'il fallait combattre directement. Elles constituaient la tête d'un iceberg international. Elles signalaient qu'il y avait plus que ce que l'on voyait. Si on fonce droit sur le sommet d'un iceberg on s'y casse la figure.

Le jeune couple ne put fermer l'œil. De Ngoma, on l'appela vers vingt-trois heures pour l'informer que la Secrétaire de la Maison Furaha avait reçu une lettre anonyme contenant presque le même message que celui de l'appel téléphonique anonyme. Ils décidèrent, unanimement, d'écourter leur séjour à Enkafu et de rentrer à Ngoma. Ce fut une décision très douloureuse mais la gravité de la situation ne leur laissait pas le choix. Avant de partir, elle téléphona au Directeur de l'Hôpital pour lui dire que le devoir l'appelait d'urgence à Ngoma.

Dès qu'ils arrivèrent à destination, ils allèrent immédiatement chez le Procureur de la République pour lui parler de toutes les menaces reçues. Ils lui firent écouter le message qu'elle avait pris soin d'enregistrer et lui remirent la lettre anonyme. Le Procureur leur proposa une protection assurée par deux éléments de la police, mais ils refusèrent par principe. Pendant un temps, elle crut qu'elle était en sécurité. La Maison Furaha fut agrandie comme promis pour abriter un centre de réhabilitation physico-physiologique pour les femmes qui présentaient des traumatismes réparables. Les premières femmes y furent reçues le huit mars de l'année suivante.

CHAPITRE XI. LA MARCHE MONDIALE DES FEMMES

La perspective de l'organisation d'une Marche Mondiale des Femmes à Enkafu, au cœur-même de la région considérée comme l'épicentre des violences sexuelles, donna un peu d'espoir à Mme Lumoo. En effet, les organisations féminines du monde entier avaient décidé de se rendre à Enkafu, au Sud Kivu, du 13 au 18 octobre 2010 pour marcher contre les violences sexuelles en RDC et plus particulièrement dans sa partie est. Mme Lumoo redoubla d'effort lorsqu'elle apprit l'organisation d'une telle initiative à l'échelle mondiale. En tant qu'activiste du domaine, elle ferait entendre la voix des femmes violées quotidiennement dans les Provinces du Nord et du Sud Kivu.

Son mari l'encouragea à s'investir dans la préparation de cet événement. A part tous ces ennuis, le couple était heureux. Tous les deux s'aimaient et s'appréciaient mutuellement. Ils décidaient tout ensemble. Ils avaient fait du dialogue la règle d'or de leur mariage. C'est ainsi qu'ils avaient décidé, de commun accord, qu'ils retarderaient la conception de leur premier enfant. Ils souhaitaient que Madame stabilise d'abord la Maison Furaha et ses extensions et que les soucis pour les femmes violées diminuent pour se consacrer à la préparation de l'arrivée du premier fruit de leur amour.

Pour bien maximiser les chances de réussite de la Marche Mondiale des Femmes à Enkafu, elle se mit à recenser, discrètement, les femmes violées dans toute la Province du Nord Kivu. Le même travail était en cours au Sud Kivu, au Maniema, au Katanga, en Province Orientale et dans les autres provinces où des cas de viol avaient été signalés. Une équipe spéciale enquêtait sur les fouilles vaginales aux frontières congolo-angolaises et dans les villages voisins des zones minières. Désormais, elle voyageait beaucoup à travers toute la Province. Le but était de sensibiliser les femmes violées et victimes de violences sexuelles de tout genre pour qu'elles participent à ladite marche et éventuellement rendre leur témoignage pour convaincre les plus sceptiques.

Mr Victor comprenait l'engagement de son épouse et lorsqu'il était libre, surtout les weekends, il l'accompagnait au volant de sa jeep quatre-quatre. Les ennemis de la paix et de la sécurité qui utilisaient le viol comme arme de guerre afin de terroriser les populations, suivaient tous les déplacements de Mme Lumoo. Ils étaient au courant de la préparation de la Marche d'Enkafu contre eux et leurs patrons invisibles.

Un jour Mme Lumoo dit à son mari :

- Chéri, crois-tu que vraiment la Marche Mondiale des Femmes à Enkafu changera la donne ? Sois sincère, ne me réponds pas pour me consoler.

- Ma chérie, ma position n'a pas changé. Tant que les politiques ne s'impliqueront pas dans la résolution de ce problème, il restera entier. Il y a de gros enjeux autour du business qui entretient le climat de terreur et d'insécurité dans notre pays, essentiellement dans les zones minières. Les femmes du monde entier vont marcher en octobre, elles vont se disperser et la vie va continuer. Quel est le gouvernement qui a organisé cette marche ? Aucun. Ce sont les femmes seules qui se mobilisent pour clamer leur ras-le-bol. Je ne vois pas l'implication des pays qui tirent des dividendes de ce chaos intentionnellement entretenu par eux. Ici je ne parle pas seulement des pays occidentaux mais aussi de certains pays africains qui profitent de la situation pour continuer à piller le pays.

- Merci, chéri, pour ta franchise. Je pense que c'est aussi ça l'amour : dire la vérité à l'autre, même si elle est dure à avaler. Faut-il alors se désengager ?

- Non. La démission arrangerait les bandes organisées que toi et tes camarades combattez. Elles se frotteraient les mains. La présence des femmes du monde entier à Enkafu, et parmi elles des cadres de haut rang dans leurs pays et dans les organisations internationales, aura pour bénéfice de rendre la manifestation plus crédible. Peut-être que les acteurs dans l'ombre commenceront à faire attention s'ils savent que leurs masques sont tombés.

- Vicky, tu as vraiment raison. Pourquoi ne t'engages-tu pas dans la politique active ? Le pays a besoin de gens comme toi, des gens capables de réflexion et d'analyse pour éclairer la prise de décisions.

- La politique dans nos pays, je ne l'appelle pas politique. Les motivations pour lesquelles plusieurs de nos compatriotes font la politique ne sont pas politiques mais purement économiques.

Mme Lumoo poursuivit donc ses campagnes de mobilisation massive des femmes pour la réussite de la Marche. Un jour, elle programma un voyage vers le Grand Nord[85] pour y rencontrer des dizaines, si pas des centaines de femmes violées par des miliciens

---

[85] Quand à Ngoma on parle du Grand Nord, il s'agit de l'axe Rutshuru-Kanyabayonga-Lubero-Butembo-Beni.

nationaux et étrangers mais aussi par des éléments de l'armée nationale et des armées des pays voisins. Ce voyage représentait beaucoup pour elle dans le cadre de la Marche des femmes. Elle prit soin d'avertir son chauffeur et Maman Muhongya pour faire route ensemble. Maman Muhongya avait été violée dans un petit village de Lubero. Elle avait été accueillie et soignée à la Maison Furaha où elle était actuellement chargée des approvisionnements. Dans ce type de tournées, Mme Lumoo voyageait toujours avec un cameraman et un reporter équipé d'un matériel très sophistiqué, dernier cri de marque Sony. C'était un cadeau reçu d'un industriel japonais qui avait visité la Maison Furaha en marge de la Conférence internationale sur la paix dans la Région des Grands Lacs.

Sa jeep, très robuste, adaptée à l'état des routes de la région, était équipée de GPS (*global positioning system*) qui permettait d'être localisée facilement. Elle avait toujours son téléphone satellitaire au cours de ses nombreuses tournées à l'intérieur de la Province pour être constamment en contact avec son mari et la Maison Furaha car les réseaux de téléphonie cellulaire ne couvraient pas tous les villages. Avant de dormir, elle et son mari échangèrent longuement sur l'avenir de leur couple. Ils revinrent sur certains projets importants qu'ils avaient conçus ensemble au cours de leurs fiançailles. Un de ces projets était de monter une affaire commerciale pour subvenir aux besoins de leurs parents, dans leur vieillesse.

Un autre projet consistait à créer une fondation qui aiderait les orphelins et les mutilés, dont le nombre ne cessait d'augmenter dans les villes des zones touchées par une guerre qui était loin de se terminer. Quant au nombre de leurs propres enfants, il y avait un léger désaccord. Monsieur ne voyait pas la nécessité d'en avoir plus de quatre tandis que pour Madame, le principe de la limitation des naissances devrait être séparé de celui des naissances désirables. Dans sa tête, ces deux notions étaient claires. Elle penchait pour la théorie des naissances désirables qui ne limitait pas d'emblée le nombre d'enfants mais mettait l'accent sur la capacité du couple à prendre en charge, valablement et efficacement, chaque enfant. Elle était convaincue que les pays africains devaient éduquer leurs populations à assumer une fécondité responsable.

La limitation des naissances lui semblait répondre à des préoccupations différentes du principe des naissances désirables. Ils terminaient leur partage sur ce sujet par : *On verra le moment venu.* En attendant, tous deux s'attelaient à préparer un cadre idéal pour l'épanouissement harmonieux de leur future progéniture.

- Bonne nuit, chérie.

- Bonne nuit, mon amour. La journée de demain sera très longue. Nous comptons quitter la maison dès l'aube. Si tout va bien, nous nous arrêterons après le parc pour avaler rapidement quelque chose. Nous serons basés dans un Guest House à Musienene. Ceci nous permettra d'avoir l'accès plus facile aux milieux où les femmes nous attendent.

- JL, n'oublie pas d'activer le GPS de la voiture. J'ai fait installer aussi une caméra cachée, à double objectif, dissimulée dans les deux rétroviseurs. Pour l'activer, il suffit d'appuyer sur la touche C de ton téléphone portable et elle se met à enregistrer son et image, dans un rayon de vingt mètres pour le son et de cent mètres pour l'image.

- Ah, Vicky ! Tu as fait tout ça à mon insu !

- Je savais que tu refuserais ce service. La technologie a beaucoup évolué, il serait très bête de ne pas en profiter pour notre bien. La caméra est reliée au GPS qui transmet toutes les données, en temps réel, à ton ordinateur et au mien. Cet équipement te permettra désormais de te passer du caméraman dans certaines situations trop délicates pour éviter d'attirer l'attention des gens. J'ai fait les essais et ça marche parfaitement bien.

- Merci quand même, chéri. Mais je ne vois pas l'importance de tout ça. Déjà le GPS était encombrant !

- On ne sait jamais, ma belle. Bonne nuit et repose-toi bien.

- Merci, mon petit cœur.

CHAPITRE XII. ILS M'ONT VIOLEE

Ils s'endormirent tous les deux assez vite car ils étaient fatigués par une journée très chargée. Mr Vicky avait supervisé l'installation du système de gestion assisté à la Banque, en réseau avec le siège de Kinshasa. Madame avait passé la journée à faire l'inventaire des magasins avec Maman Muhongya et la femme qui devait assurer l'intérim pendant l'absence de celle-ci.

Le lendemain matin, très tôt, ils quittèrent la maison et prirent la direction de la Paroisse du Saint-Esprit pour participer à la messe du matin comme d'habitude. Ensuite, ils s'engagèrent sur la route. Le voyage fut très agréable. La journée était ensoleillée. En traversant le parc, ils pouvaient avoir le bonheur de contempler les animaux qui sortaient de leurs logis pour vaquer à leurs occupations quotidiennes. Après la cité de Rwindi, ils durent s'arrêter car il y avait deux éléphants couchés sur la route. Ceux-ci avaient dû prolonger leur sommeil et ne s'étaient même pas rendus compte de la présence des éléments étrangers à leur biotope. Les voyageurs en profitèrent pour se dégourdir les jambes, sans se préoccuper des occupants du terrain.

Après une vingtaine de minutes, les deux dormeurs se levèrent péniblement en étirant leurs membres très lourds. Un d'eux s'avança vers la voiture sans aucune intention méchante, croyant probablement que c'était un gros arbre. Il s'y frotta comme pour se laver et ensuite se retourna et pissa abondamment sur *ledit* arbre. C'était un flot qui coulait comme une rivière. L'équipage de la voiture eut des frissons à la vue de ce pachyderme foncer sur eux. Après s'être longuement soulagé, il se retira derrière l'autre qui l'attendait probablement pour faire route ensemble.

- Les animaux sont parfois moins animaux que les hommes, commenta Mme Lumoo, tout en disant au chauffeur de redémarrer. Vous avez vu comment ils nous ont regardés, dans l'indifférence totale. Si c'était des êtres humains, ils seraient venus nous poser un tas de questions, nous demander des documents qui n'existent pas, inspecter nos bagages et se servir. Je suis sûre que chez les animaux, il n'y a pas de viol.

- Tiens, ce serait une étude très intéressante pour les chercheurs, dit le caméraman.

- La guerre, les viols, les tortures, les mutilations, les meurtres, sont le produit de l'imagination pervertie de l'homme. Ces actes sont inconnus dans le règne animal.

159

- Maman, ce n'est pas vrai, répliqua Maman Muhongya. Pourquoi alors certains animaux mangent-ils les autres ? Pourquoi y a-t-il parfois des combats sans merci entre deux boucs, deux lions, deux coqs … ?

- Dieu, en créant la nature, y a mis des règles de survie pour chaque créature. Les animaux ne s'accouplent que lorsque la femelle est en chaleur et donc leur acte n'est ordonné qu'à la reproduction. En dehors de cette période, vous ne verrez pas les animaux se livrer à ce sport. La nature a prévu que les forts mangent les moins forts, qui eux-mêmes seront mangés par de plus forts qu'eux, ainsi de suite jusqu'à la mort du plus fort de tous qui sera la proie des charognards et des hyènes. C'est le cas du lion. Chaque animal dispose d'un territoire bien délimité pour sa chasse. Le combat n'intervient que pour régler un cas d'invasion territoriale, on pourrait dire une situation de violation de la souveraineté de l'autre. Dans un poulailler, il ne peut y avoir qu'un seul cas à la fois, le seul qui a le monopole et l'autorité de chanter pour marquer les heures. Lorsqu'un autre coq usurpe son pouvoir, il y a bagarre. Voilà le règne animal.

- Maman, vous avez fait la psychologie animale ?, demanda le chauffeur.

- J'ai grandi au village et j'y ai appris beaucoup de choses. Et puis, il y a ce qu'on appelle la culture générale que les nouvelles générations négligent. On ne peut pas tout apprendre ni dans les livres ni à l'internet. Les violences sexuelles, je vous le répète sont le fait d'un dérèglement social, de l'inversion des valeurs, de la cupidité humaine. Ces défauts de fabrication ne se trouvent pas chez les animaux qui sont restés très proches de la nature. L'homme ne fait pas le mal poussé par la nature seule, il raffine ses actes et les conséquences qui en découlent grâce à son intelligence détournée de son but originel.

La conversation était tellement intéressante qu'ils ne se rendirent pas compte qu'ils avaient déjà quitté le parc. A présent, ils sentaient que leurs estomacs réclamaient quelque chose. Mme Lumoo dit au chauffeur de s'arrêter dès qu'il verrait un restaurant propre. Ils avaient leurs provisions. Ils n'auraient besoin que d'un cadre où ils pouvaient également se défaire de certains *colis naturels*. La route les avait épargnés de la poussière car il avait plu la veille. Ils s'arrêtèrent et prirent quelque chose, assez rapidement. Naturellement, Mme Lumoo était en contact régulier avec son mari et la Maison Furaha.

Le soir tombant, ils faisaient leur entrée dans la petite cité de Musienene. Le gérant du Guest House Tuneko avait apprêté les quatre chambres individuelles. Ils s'installèrent et se retrouvèrent pour le repas du soir, au restaurant splendide du Guest House. Mme Lumoo ne faisait pas de catégorisation parmi ses collaborateurs. En voyage, elle prenait ses repas avec tous, même avec le chauffeur. Ils avaient tous des chambres de même standing. C'est pourquoi c'était un plaisir de voyager avec elle. Pour ne pas créer la jalousie entre ses collaborateurs, elle les choisissait par rotation pour l'accompagner dans ses tournées à l'intérieur de la Province.

Dès qu'ils étaient arrivés à Musienene, elle avait averti la responsable locale de l'association des femmes victimes des violences sexuelles afin de fixer un rendez-vous pour le lendemain. Comme promis, le lendemain matin, après le petit déjeuner, ils prirent le chemin du lieu de la rencontre. Le chauffeur resta au Guest House pour nettoyer la voiture et faire un entretien de routine après un long voyage.

Maman Kahindo les attendait à son domicile. L'entretien fut très cordial. Le programme prévoyait la visite de dix villages éloignés les uns des autres. Maman Kahindo prévint Mme Lumoo qu'il fallait s'armer de patience car certaines femmes avaient de longues histoires à raconter.

- Maman Kahindo, j'ai le temps, dit Mme Lumoo. Nous prendrons le temps qu'il faudra. Personne d'entre nous n'a d'autres engagements ces jours-ci. L'essentiel pour le moment est de rencontrer le plus de femmes possible et de les convaincre que leur témoignage est le bienvenu au cours de la Marche Mondiale des Femmes à Enkafu.

- Certains villages ne sont accessibles qu'à pied.

- Nous marcherons. Nous nous sommes tous préparés à ça. Nous en avons d'ailleurs l'habitude. C'est le cas dans les territoires de Masisi et de Walikale et une bonne partie de Rutshuru.

- Je vous propose de commencer par les villages les plus éloignés du centre. Les femmes qui habitent le centre et ses environs, on pourrait les atteindre n'importe quand, même le soir.

- D'accord. La jeep est là pour ça.

- Vous passez me prendre demain à quelle heure ?

- Après le petit déjeuner, ça vous va, Maman Kahindo ?

- Le petit déjeuner, ici on le prend n'importe quand. C'est un vrai repas solide. Je pourrais être prête aux premières lueurs du soleil.

- D'accord, Maman Kahindo. A demain matin.

- A demain, Madame Jeanne.

Maman Kahindo se chargea d'avertir ses partenaires de leur visite. Elle les rencontrait très souvent au cours des réunions qu'elles organisaient pour se soutenir mutuellement. Elle vivait avec ses trois enfants après avoir été abandonnée par son mari parce qu'elle avait été violée par des inconnus armés au cours des pillages organisés dans toute la région par une armée étrangère en complicité avec quelques habitants locaux. Pendant le viol de la femme, les criminels avaient obligé le mari à assister à ce spectacle macabre en tenant une lampe tempête pour bien éclairer la scène. En un certain moment il s'était évanoui. Plus tard, lorsqu'il reprit connaissance, il raconta qu'il s'était évanoui parce qu'il venait de constater que sa femme jouissait de l'acte en même temps que le prétendu violeur. Il disait qu'il était profondément déçu de voir que la femme qu'il aimait réellement était pratiquement consentante du viol. Ne pouvant supporter le choc, il vit du noir et ensuite plus rien. Il se réveilla longtemps après à l'hôpital où des voisins l'avaient conduit après le départ des agresseurs.

C'est alors qu'il leur narra cette terrible tragédie. Il décida de répudier sa femme en lui envoyant un message verbal clair :

Quand je sors de cet hôpital, je ne veux pas te trouver à la maison. Suis l'homme avec lequel tu m'as trahi hier. Je n'en revenais pas en te voyant pleurer de joie et abîmée *dans le plaisir. Cette image insupportable ne quittera jamais mon esprit. Va-t-en ! Oublie-moi, femme infidèle et hypocrite. Les enfants, je t'en fais cadeau. Tu peux les amener, comme tous les autres effets qui te plairont. Je referai ma vie autrement.*

Ce message attrista Maman Kahindo, qui elle-même se trouvait aux soins médicaux et en réhabilitation psychologique au Centre de Santé Kihanda dirigé par les Petites Sœurs de la Présentation. Non seulement elle avait été brutalisée, battue et violée, mais elle venait de perdre en même temps son mari après le sixième anniversaire de la célébration de leur mariage religieux. Quel drame ! Elle avait raconté son histoire à Mme Lumoo au téléphone, tout en pleurs. C'est depuis lors qu'elle décida de se battre aux côtés d'autres femmes pour que cesse l'impunité et l'insécurité à l'est du pays. La Caritas diocésaine de Butembo-Beni l'aidait substantiellement pour la scolarisation de ses trois enfants. Quant à elle, elle vivait de son travail d'infirmière, de niveau A_1 au Centre de Santé Kihanda.

Avec le temps, elle découvrit que sa prétendue coopération tacite à son propre viol n'était qu'un alibi. Monsieur vivait déjà, dans le noir, avec une jeune fille qui était pourtant une des meilleures amies de son épouse. Il guettait la moindre occasion pour se débarrasser de sa femme légitime et épouser sa concubine. Ce fut un coup très dur pour Maman Kahindo.

Le matin, Mme Lumoo et son équipe étaient à l'heure. Cette ponctualité ne passa pas inaperçue chez Maman Kahindo qui fit un compliment à tout le groupe :

- Coup de chapeau pour la ponctualité ! Je me disais que les citadins, habitués à la belle vie, ne pouvaient pas se lever si tôt le matin. Vous m'avez eue.

- Nous sommes des citadins *géographiques* et pas *culturels*, répondit Mme Lumoo. Nous sommes restés attachés à certaines valeurs comme le respect de la parole donnée. Mon équipe et moi, sommes tous nés et avons grandi au village. La ville ne nous a pas avalés.

- D'accord. Ne perdons pas de temps. Il y a beaucoup à faire. La destination est à presque trente kilomètres vers l'ouest du centre. La piste est carrossable. Il y a par endroit de gros nids de poule mais avec une quatre-quatre on passe aisément.

Ils prirent la direction ouest. Ils traversèrent des kilomètres au milieu de champs de blé, de maïs, d'ignames, de légumes, de haricots, de pommes de terre … à perte de vue. Ils n'étaient pas tellement impressionnés car ils avaient grandi dans des milieux semblables. Le village de Maman Muhongya se trouvait de l'autre côté, sur l'axe nord. A ces heures si matinales, les cultivateurs se trouvaient déjà dans leurs champs pour profiter de la fraîcheur du matin et arrêter vers dix heures pour aller ouvrir leurs magasins au centre.

En voyant les femmes plus nombreuses que les hommes, Mme Lumoo ne manqua pas de faire une réflexion propre à elle :

- Imaginer un instant un monde sans femmes ! Que serait-il ? Toutes ces femmes se dévouent pour nourrir leurs familles et inonder le marché de produits agricoles, contribuant ainsi au développement économique de la contrée et du pays. Leurs sacrifices ne sont connus que de leurs enfants, et encore faut-il qu'ils en soient réellement conscients ! Et ironie du sort, il suffit qu'une guerre ou des troubles sociaux éclatent ici et maintenant, ce sont elles qui en subiront les effets néfastes. Les belligérants s'abattront, tour à tour, sur elles avec acharnement. Je suis sûre que dans ces champs, il s'est passé des choses horribles pendant les multiples rébellions et désordres sociaux qui se sont produits dans les environs. C'est sûr et certain que des femmes qui se trouvaient dans ces champs, comme aujourd'hui, à la recherche de la survie pour les leurs, y ont été surprises par des criminels sans pitié. Ils les ont enlevées, battues, violées, mutilées, tuées pour rien comme si elles étaient leurs ennemies tant recherchées. Il n'y a aucun doute que certaines femmes kidnappées, au milieu de ce tapis de verdure immaculée, ne sont jamais plus revenues de leur captivité. Certaines ont, sans aucun doute, été conduites hors des frontières nationales. C'est triste, très triste.

163

Ses compagnons de voyage l'écoutèrent avec religiosité, tellement était vrai ce qu'elle leur disait. Mamans Kahindo et Muhongya pouvaient en témoigner, car elles étaient parmi les rares rescapées de ces razzias *gynéphobes*[86] qui avaient endeuillé toute la région. Les cicatrices de ces blessures étaient encore très visibles chez certains habitants qui avaient perdu leurs êtres chers qu'ils ne reverraient plus jamais. De temps en temps, ils s'arrêtaient pour saluer les cultivateurs, adresser un mot d'encouragement à l'un, s'enquérir de nouvelles du village auprès de l'autre. Maman Kahindo expliquait à ses compagnons certaines horreurs que les gens avaient vécues et continuaient à vivre dans certains villages au cours de différentes attaques venant de partout.

A cette époque-là tous les champs étaient redevenus brousse, leurs propriétaires ayant fui pour se mettre plus ou moins à l'abri. Des miliciens, des soldats réguliers, des brigands, des voleurs, tous ont commis des exactions sur la population. Ils pillaient tout ce qui pouvait l'être, brûlaient les maisons et les magasins, obligeaient la population à transporter leur butin sur des kilomètres vers des lieux incertains et inconnus. Et comme si tout cela ne suffisait pas, ils violaient des femmes et quelquefois des hommes. Ils accomplissaient des rites magiques sur leurs victimes pour acquérir des forces supra-humaines afin de continuer à détruire tout un peuple. Ils savaient qu'en s'attaquant aux femmes, ils compromettaient pour longtemps la chaîne de reproduction de l'espèce humaine partout où ils passaient.

Les hommes, alors terrorisés, ne pouvaient plus constituer un obstacle pour leur progression. Vers où ? Eux-mêmes parfois ne le savaient pas. Ils devaient attendre des ordres d'un *quidam*, un pacha se trouvant quelque part sur la planète terre. Les pauvres ! En violant les femmes, ils croyaient se faire payer. Pauvres des pauvres ! Ce n'était pourtant qu'un plaisir passager, honteux, égoïste, insatiable ! Ils sont restés pauvres comme ils étaient nés mais riches de soucis, de remords, de crainte permanente d'être arrêtés à n'importe quel moment. Ils sont aujourd'hui misérables, blottis dans la forêt car ils ont honte de rentrer dans leurs villages. Ils ne supporteraient pas les regards réprobateurs de leurs mères, grands-mères, sœurs, épouses, tantes, nièces, cousines, copines ... violées, mutilées, humiliées par eux. Ils se mordent les doigts de colère. Ils n'ont même pas d'uniforme convenable, car ils sont incapables de s'en procurer. Ils sont en haillons, portant en

---

[86] Par manque de mot approprié pour désigner *les ennemis et les destructeurs des femmes*, rien n'empêche de forger ce mot inconnu, jusqu'à présent, des garants de la langue française.

bandoulière un misérable fusil démodé reçu de leurs maîtres qu'il ne voit pas et pour qui ils violent et tuent.

Pour survivre, ils doivent continuer à voler, à piller, à extorquer. Ils sont prêts à tuer une pauvre vieille maman pour quelques cossettes de manioc. Pour une poignée de grains de maïs ou de sorgho, ils appuient sur la gâchette. Et s'ils soupçonnent que quelqu'un a dissimulé un petit billet vert d'un dollar américain dans ses sous-vêtements, ils iront l'y chercher ; ils n'hésitent pas à tirer à la moindre résistance. Ils sont vraiment à plaindre. Ils sont, à coup sûr, plus malheureux que leurs victimes. Car celles-ci rencontrent des gens de bonne volonté qui les prennent en charge ou qui les aident sporadiquement. Quand ils apprennent que leurs compagnons sont libres et vivent dans l'anonymat, après avoir commis des crimes abominables, ils regrettent d'être restés collés et attachés sur des promesses qui ne seront jamais réalisées. Leurs maîtres les exploitent. Ils le savent à présent. Mais que faire pour en sortir ?

Mme Lumoo se surprit en train de ressasser toutes ces pensées pendant qu'ils avançaient sur le chemin boueux vers leur premier village. Elle fut prise de pitié pour les pauvres types qui s'attaquent à des femmes et à des enfants vulnérables, sans armes, sans défense. Elle les voyait dans son imagination et se représentait le calvaire qu'ils vivaient, soit infiltrés au milieu des gens soit encore sous des huttes faites de feuilles, partout dans les forêts et les brousses de l'est du pays. Il y en avait certainement à quelques kilomètres de là où ils se trouvaient. Pour partager cette consolation passagère avec ses compagnons, elle leur dit :

- Pensez-vous qu'un violeur peut être heureux, content, épanoui ?

Les réponses furent aussi diversifiées qu'il y avait des répondants. Naturellement, pour Mamans Muhongya et Kahindo, leurs points de vue étaient entachés de leur propre expérience personnelle lors des rencontres fatales avec leurs violeurs. Quant au chauffeur et au caméraman, ils ne savaient pas exactement ce qu'il fallait dire. Ils avaient pourtant dit ce qu'ils en pensaient, gênés, comme hommes. Maman Muhongya prit le risque de répondre :

- Son bonheur est d'un instant. Je pourrais plutôt l'appeler joie qui ne dure que l'instant du viol. Après quoi il retrouve la réalité de la vie qui le pousse à rechercher la même joie en violant de nouveau ou alors en se droguant constamment.

- Moi, dit le chauffeur, je préfère me taire car je ne vois pas comment quelqu'un qui a la conscience chargée peut être heureux. S'il s'embourbe dans les viols des femmes de tous âges, c'est parce qu'il croit trouver le bonheur, qu'il n'a pas, en commettant ces actes dégradants.

– De toutes les façons, tout bonheur est éphémère, précisa Maman Kahindo. Pour durer, il a besoin d'être entretenu dans le temps. C'est cette dimension qui manque au violeur des femmes. Il ne dure que l'instant du plaisir qui est lui-même très volatile. C'est pourquoi dès que ce fléau s'installe dans une région, il n'est pas si aisé de l'en déraciner car les responsables des viols sont toujours à la recherche de nouvelles victimes pour assouvir leurs instincts.

– Vous avez raison, Maman Kahindo, renchérit Mme Lumoo. C'est pour cela que nous devons tous conjuguer nos efforts pour mettre fin à cette honte du vingt-et-unième siècle. Tout le monde devrait s'impliquer dans le combat des femmes pour soulager les victimes de ces actes barbares et pour stopper définitivement leur répétition, non seulement ici chez nous mais sur toute l'étendue du territoire national. Notre victoire sur cette nouvelle forme d'épuration basée sur genre inspirera le monde entier.

Les premières cases du village apparaissaient déjà à la portée d'une voie humaine. L'odeur de la fumée sortant des maisons et la présence des chèvres et des poules sont des signes qui ne trompent pas. Normalement ils annoncent aux voyageurs la présence humaine dans les environs. Mme Lumoo fut prise d'une joie indicible à la vue de cette grande agglomération, longue de presque deux kilomètres, avec les maisons rangées de part et d'autre de la route. A ces heures matinales, le brouillard circulait encore très aisément entre les cases comme pour inviter leurs occupants à sortir pour vaquer à leurs tâches quotidiennes. Les plus matinaux des villageois étaient déjà dans leurs champs. Les dernières jeunes filles terminaient de balayer les cours et les alentours des cases. A cette époque-là, cet exercice, et tant d'autres, faisaient partie de l'éducation qu'on donnait aux filles pour les préparer à assumer leurs responsabilités d'épouses et de mères. Leurs parents étaient convaincus qu'il y avait des choses qu'elles n'apprendraient jamais à l'école, du moins pour celles qui réussiraient à y aller et à y rester.

Mme Lumoo, digne fille de son village et fière de son éducation, alla tout droit à la case du chef du village pour présenter ses civilités et lui annoncer sa visite. La belle quatre-quatre s'arrêta net devant la paillotte servant de lieu de rencontre pour tout le village. Le chef se reposait encore, car la veille la journée avait été très chargée. Deux familles s'étaient battues à mort à cause d'un problème apparemment anodin mais qui risquait de compromettre le climat de sérénité qui régnait sur tout le village. Les chèvres d'une famille avaient ravagé littéralement la plantation de choux d'une autre famille. La famille lésée avait pris pilons, machettes, balais, haches, houes, bâtons … pour attaquer l'autre. Débandade dans tout le village, par ailleurs complètement divisé, chaque villageois s'étant rangé derrière l'une ou l'autre famille. La sagesse et le tact du chef du village et de son conseil évitèrent de justesse une *guerre villageoise* aux conséquences incalculables. Tout l'après-midi et une bonne partie de la nuit furent consacrés à résoudre le problème et à réconcilier les deux familles.

La femme du chef s'empressa d'accueillir les visiteurs et les installa sous la paillotte. Elle alla ensuite avertir son mari de la présence d'une visite pas comme les autres. La nouvelle se répandit comme une traînée de poudre dans tout le village. En effet, plusieurs personnes ici avaient déjà entendu parler d'une certaine Lumoo de Ngoma qui faisait des merveilles avec les femmes victimes des viols et des actes inhumains. Avant même que le chef ne vienne saluer les visiteurs, beaucoup de curieux étaient déjà là. Cet accueil étonna Mme Lumoo qui n'était là que pour les femmes victimes des violences sexuelles de toutes sortes. Elle se retourna vers Maman Kahindo pour lui demander :

- Avez-vous informé tout le village de notre visite ?
- Non Maman. Les gens ici sont très spontanés et très accueillants. Sûrement que le chef du village a dû leur en parler hier soir.
- Mais n'oubliez pas que nous sommes ici pour rencontrer les femmes victimes des violences sexuelles.
- C'est bien ça, Maman. Elles le savent. Je connais la maison de chacune d'elles. Elles nous attendent. Dès qu'on termine avec le chef, nous commençons la visite.
- D'accord. Nous rencontrerons d'abord individuellement chacune chez elle et ensuite nous les regrouperons en un endroit pour les écouter comme groupe.
- Maman Jeanne, tout ça aujourd'hui ?
- Oui, Maman Kahindo. Nous avons le temps. S'il faut passer la nuit ici, nous le ferons pour elles.
- D'accord. C'est vous qui conduisez la mission.

Il ne fallut pas une heure pour que l'épouse du chef apprête un repas très léger pour les visiteurs. Ces derniers furent agréablement surpris de voir les plats atterrir sur la petite table de la paillotte. Ils se regardèrent et se demandèrent s'il fallait manger avant de rencontrer les femmes ou s'il fallait attendre. Les mets étaient fumants et appétissants. Aucun humain n'aurait résisté à l'arôme suave qui se dégageait de ces cuvettes soigneusement couvertes et disposées impeccablement les unes à côté des autres. La maîtresse de la maison vint les découvrir et les présenter aux visiteurs :

- Ici vous avez des pommes de terre bouillies aux oignons ; là vous avez de la viande de chèvre cuite bouillon aux poireaux et aux tomates ; là vous avez des choux blancs aux poissons fumés du Lac Edouard. Tout ce que vous avez devant vous est tout à fait naturel et fruit de notre travail. Vous avez besoin de beaucoup d'énergie pour bien travailler. Votre journée sera très chargée car les mamans vous attendent.

- Merci beaucoup Maman, dit Mme Lumoo. Votre générosité et votre prévenance nous vont tout droit au cœur. Ceci me rappelle ma propre maman et mon propre village. Dieu seul saura vous récompenser.

- Ma fille, c'est notre devoir de recevoir ceux qui viennent à nous car vous êtes porteurs d'une bonne nouvelle. L'hospitalité, la solidarité ne sont pas des mérites dans nos villages. Nous les avons acquises de nos parents et des parents de nos parents.

- Hélas ! Aujourd'hui les nouvelles générations ne connaissent que haine, misère, pauvreté, guerre …

Ils mangèrent avec appétit surtout après l'exhortation de la maîtresse de la maison. Ils avaient à peine commencé que le chef arriva à son tour pour les saluer et leur souhaiter bon appétit. Il était élégant, à stature imposante, plutôt clair de peau. Il devait avoir la soixantaine révolue, au vu des premières rides qui se dessinaient clairement sur son front et ses joues.

- Bonjour les Mamans, bonjour les Papas, dit-il avec emphase. Bon appétit. Cordiale bienvenue à Masimasi, notre cher village.

- Merci beaucoup Chef, répondirent tous d'un seul ton.

- Toutes mes excuses pour ce retard. J'ai dû aller au lit très tard à cause d'un petit problème qu'il y avait dans le village hier.

- Ce n'est rien, Chef, ajouta Mme Lumoo. Maman s'est très bien occupée de nous.

- Dès que vous aurez fini votre repas, Maman Kahindo vous conduira chez les mamans qui vous attendent impatiemment. Elles ont déjà envoyé une émissaire pour demander pourquoi vous traîniez ici.

- Merci Chef pour votre accueil et votre assistance. Nous espérons que nous n'allons pas décevoir les mamans avec lesquelles nous allons nous entretenir. Nous devons en fait les sensibiliser pour participer activement à la Marche Mondiale des femmes qui aura lieu très bientôt dans notre pays, non loin d'ici.

- Bon travail mes enfants. Vous êtes chez vous.

Le repas terminé, ils prirent le chemin des cases concernées. La première se trouvait juste à quelques pas de la maison du Chef. Ils y entrèrent et trouvèrent une jeune dame qui les attendait depuis quelques jours. Elle était couchée sur une natte, à même le sol, visiblement très fatiguée et malade. Elle devait avoir entre trente et quarante ans. Elle put se relever à peine pour saluer ses visiteurs. L'entretien commença tout de suite. Mme Lumoo lui demanda si on pouvait filmer la rencontre. L'autorisation fut accordée sans problème. Il était environ neuf heures du matin. Elle raconta sa triste histoire pendant près de quatre heures. Son récit était ponctué de pleurs, de sanglots et de longs moments de silence. Ses visiteurs furent, par moment, pris de mêmes émotions. Seul le chauffeur, resté dans la voiture, n'assista pas au déterrement de ces réminiscences très douloureuses.

Mme Lumoo faisait tout pour maîtriser la situation mais en un certain moment, elle-même se mit à verser des larmes presque inconsciemment. Le caméraman perdit le contrôle de son matériel et se surprit en train de pleurer à chaudes larmes, se souvenant de toutes les atrocités que tant de femmes subissaient en ce moment-là non loin de là où ils étaient. Cette dame avait été victime d'un enlèvement lors d'une invasion de rebelles venus d'on ne sait où et se battant pour on ne sait quoi. Ils l'emmenèrent avec eux très loin du village, alors qu'elle puisait de l'eau à la rivière. Pour l'empêcher de crier et d'alerter les gens, ses ravisseurs lui bandèrent les yeux et enfouirent un tas de chiffons dans sa bouche. Ils étaient plus d'une quinzaine. Elle se souvenait les avoir vus venir. Lorsqu'ils lui ouvrirent les yeux, elle se trouvait au milieu d'une bande de voyous très dangereux.

Tout l'air autour sentait le chanvre et l'odeur forte des boissons alcoolisées locales. Certains n'arrivaient même plus à bien articuler les mots, tellement ils étaient sous l'emprise des drogues. Son arrivée fut la fête dans ce maquis sans nom. Il y avait déjà plus de deux semaines que ces hors-la-loi n'avaient pas ramené au camp une si belle proie. La pauvre fut agressée de toute part toute la journée et toute la nuit. C'est un *morceau de bois* qu'ils ramenèrent au même endroit, à la rivière, le lendemain avant l'aube. Son corps inerte fut découvert par les mamans qui se rendaient à la rivière aux premières heures du matin. La raison pour laquelle cette bande de violeurs l'avait libérée était qu'ils avaient très peur des sorciers.

En effet, un d'eux ayant reconnu la malheureuse, l'identifia comme étant l'épouse du plus grand sorcier de la région. On lui attribuait des pouvoirs impensables. Il pouvait par exemple déplacer les parties intimes masculines et les coller au front de leurs propriétaires et pousser ces derniers à se promener vers les marchés. Cette possibilité les effraya et le chef donna l'ordre de la ramener au lieu de la capture.

Pendant ce temps, son mari et tout le village la cherchaient partout. Lorsqu'ils la trouvèrent presque morte, ils la conduisirent directement à l'Hôpital de Kyondo où elle ne passa pas moins de six mois. Elle en sortit quasiment guérie physiquement mais son moral, son mental étaient irrémédiablement irrécupérables. Elle monologuait tout le temps ; elle criait au secours parce qu'elle pensait voir ses ravisseurs revenir. Toutes les scènes qu'elle avait vécues défilaient sans cesse dans sa tête.

A la fin de son récit, Mme Lumoo, très émue, lui demanda :

- Maman, voudrais-tu participer à la Marche Mondiale des Femmes qui va se tenir dans quelques jours à Enkafu ? Tu pourrais partager ta douloureuse expérience avec les autres femmes qui se trouvent dans la même situation que toi.

- Mme Jeanne, tu vois bien mon état. Comment pourrai-je arriver à Enkafu ? Et puis mon histoire n'intéressera personne là-bas. Le monde a d'autres préoccupations maintenant. Tout le monde parle du réchauffement climatique et du commerce équitable. Les violences sexuelles, ça n'est plus d'actualité.

- C'est vrai ce que tu dis, Maman. C'est justement pour cette raison que toutes les femmes du monde ont décidé d'organiser cette marche pour ramener l'attention sur les violences sexuelles contre les femmes qui continuent à se commettre surtout dans la Région des Grands Lacs. Ton témoignage aura un grand impact sur la perception qu'a le monde entier de ce drame qui se vit au quotidien dans notre contrée. Je me chargerai moi-même de ton déplacement, à l'aller comme au retour.

- Mme Jeanne, j'irai par respect pour vous et parce que j'ai confiance en vous. Il y a tant de gens qui nous ont promis des aides qui arriveront probablement le jour de notre enterrement.

- Maman, c'est la femme qui libérera la femme. Ce sont les hommes qui nous violent et ce serait se faire des illusions de penser que notre salut viendra d'eux. Bien sûr, il y a des hommes qui nous soutiennent dans notre combat mais ils ne sont pas à l'avant-plan de la bataille.

- Merci Mme Jeanne. Votre visite m'a réconfortée énormément. Elle m'a redonné l'espoir et la joie de vivre. Que Dieu bénisse tout ce que vous faites pour les femmes comme nous.

- La Maison Furaha de Ngoma sera très enchantée de vous accueillir dans une semaine, le temps que vous repreniez des forces avant la Marche Mondiale des Femmes. Un bus viendra chercher toutes les femmes de ce village qui accepteront d'y participer. Nous les recevrons d'abord à la Maison Furaha pour qu'elles voient comment les autres femmes, victimes de la barbarie humaine, s'en tirent tant bien que mal.

- Merci infiniment, Mme Jeanne. Dieu vous le rendra au centuple.

En quittant cette maison, Mme Lumoo eut le sentiment que ce qu'elle faisait à la Maison Furaha n'était qu'une goutte d'eau dans l'océan. Mais en même temps elle se consola en se disant que l'océan était fait de plusieurs gouttes d'eau. La goutte d'eau est donc nécessaire et significative. Ce jour-là, le groupe put visiter une dizaine de femmes dans ce village. Il en resta une autre dizaine qu'il remit au lendemain. Ils décidèrent tous à l'unanimité de rentrer à Musienene, au Guest House pour des raisons propres aux dames qui n'avaient pas pris toutes les précautions d'usage pour dormir ailleurs. Le Chef tenta de les convaincre mais sans succès. La raison qu'elles donnaient était que Mme Lumoo avait un grand rendez-vous avec un homme d'affaires de la région. Il ne fallait pas rater ce rendez-vous car le monsieur était parmi les bienfaiteurs de la Maison Furaha.

Ils eurent tout de même le temps de manger un peu de *chikwangue*[87] avec du poisson frais, préparés soigneusement par la femme du Chef. Avant de démarrer, Mme Lumoo appela son mari pour lui dire qu'ils quittaient le village pour se rendre au centre commercial. Son mari lui dit d'être prudente car la nuit tous les chats étaient gris. Il promit de suivre leur progression grâce au GPS. Ils étaient tous fatigués et n'aspiraient qu'à aller dormir. Ils roulaient paisiblement au milieu des champs endormis. Ils ne pouvaient entendre que les chants des cigales et autres créatures nocturnes.

De temps en temps ils voyaient des chacals, des civettes, des chats sauvages ... traverser la route. Le ciel était éclairé par l'astre lunaire. C'était beau mais dommage qu'ils ne pouvaient pas jouir de cette beauté que seule la nature peut offrir. Leurs corps étaient las. Seul le chauffeur et Mme Lumoo conversaient en sautant d'un sujet à l'autre. Les trois autres développaient déjà de jolis rêves.

A mi-chemin entre le village et la cité, le chauffeur vit devant lui un gros obstacle infranchissable. Il freina brusquement et tous les dormeurs sursautèrent. De loin, ils ne purent pas identifier l'objet qui se dressait là devant eux. Ils n'eurent pas le temps d'y penser

---

[87] Une sorte de galette obtenue grâce aux tubercules de manioc, abusivement appelés cossettes de manioc, macérés, pilés et bouillis.

171

longuement. Des hommes surgirent de partout en direction de la jeep. Ils hurlaient, juraient, grommelaient :

- Où est-elle ? Elle est où cette garce ? *Kako wapi kale kamusika*[88] ?

Alors tous comprirent qu'ils venaient de tomber dans une embuscade. Tout se passa très vite. Ils furent extraits de la voiture avec une rare brutalité et jetés sur la route. Certains étaient torse nu ne portant que quelque chose qui ressemblait à des pantalons déguenillés ; d'autres portaient des cache-sexes ou encore rien que des feuilles de bananier. Ils étaient armés de fusils, de gourdins, de bâtons, de machettes et de longs couteaux. Ils n'avaient besoin que de Mme Lumoo.

- Jeanne Lumoo Furaha, ni miye[89].
- C'est toi qu'on cherche. Ces autres vauriens ne nous intéressent pas.
- Que voulez-vous ?
- Tais-toi. Tu ne vas pas tarder à le savoir. C'est nous les Descendants *de Ndalumanga*[90].

Mme Lumoo et les autres connaissaient très bien l'histoire de Ndalumanga. Leur sort était joué. Les assaillants ligotèrent les deux hommes au moyen de leurs propres ceintures et déchirèrent leurs chemises pour les enfoncer dans leurs bouches. Mamans Kahindo et Muhongya furent battues, violées et ensuite mutilées : ils coupèrent le sein gauche et l'oreille droite à Maman Kahindo ; ils tranchèrent le sein droit et l'oreille gauche à Maman Muhongya. A toutes les deux, ils enfoncèrent des pommes de terre dans leurs parties intimes. Ils croquèrent ensuite, sur place, les organes amputés pour avoir des forces surnaturelles, croyaient-ils.

Ils soulevèrent Mme Lumoo et disparurent avec elle à travers les champs et la brousse. Il était presque vingt-deux heures. Son mari appela plusieurs fois. Le téléphone sonnait dans le vide. Le GPS indiquait que le véhicule ne bougeait plus depuis plus d'une heure. Cela l'intrigua et il se mit à appeler ses amis pour les alerter. La Police

---

[88] *Elle est où, cette petite fille?* Les mots swahilis ont la nuance de dédain, de dénigrement.

[89] *Jeanne Lumoo Furaha, c'est moi.* Une variante régionale en swahili : *Ni mimi.*

[90] Un récit populaire dans la Région des Grands Lacs racontait qu'il y avait un blanc qui mangeait les gens surtout les noirs. Les gens l'avaient surnommé *Ndalumanga* (sous-entendu *Ndalumanga bundu*, qui signifie *Je ne mange jamais la pâte de manioc sans viande ou poisson*, en kihunde). Par association, tous les bandits, surtout les tueurs, on les appelait *Ndalumanga*.

de Ngoma contacta le commandant de Musienene pour s'enquérir de la situation. A cette heure tardive de la nuit, personne ne voulut s'aventurer dans la brousse. Les habitants du coin savaient tous qu'il y avait encore des irréductibles issus de toutes les rébellions de la région qui s'obstinaient à garder le maquis en attente de *leur jour*.

Pourtant les pressions se firent tellement pressantes que la Police dut mobiliser de jeunes gens volontaires pour se mettre à la recherche des disparus. Le Chef du village confirma qu'effectivement le groupe avait quitté le village assez tard aux environs vingt-et-une heures. La consternation fut très grande dans tout le village et surtout chez les mamans qui avaient bénéficié de la visite. Pour ces dernières, il n'y avait l'ombre d'aucun doute. Mme Lumoo et ses compagnons étaient tombés dans une embuscade et se trouvaient à présent entre les mains d'une des bandes armées qui régnaient sur les montagnes des alentours.

Les spéculations remplacèrent la raison et le courage. Les rumeurs les plus folles circulèrent toute la nuit dans toute la région. La magie de la technologie de l'information fit son travail. Toutes les associations féminines furent informées la même nuit. C'est vers minuit qu'enfin le premier groupe de policiers et de jeunes volontaires, à bord de véhicules offerts par les commerçants du centre commercial, arrivèrent sur les lieux du drame. Le caméraman et le chauffeur avaient réussi à s'entraider grâce à leurs orteils : ils avaient retiré les chiffons de leurs bouches respectives et tentaient de défaire les ceintures qui les ligotaient. Ils pouvaient cependant parler malgré les blessures très visibles sur leurs corps. Le chauffeur avait la mâchoire déplacée vers la gauche tandis que le caméraman saignait abondamment du nez et de la bouche.

Les deux mamans gisaient par terre, au milieu de la piste. A la vue de la scène, le lieutenant qui conduisait l'équipe éloigna tous les jeunes gens et resta seul avec ses deux adjoints. Ils purent ainsi inspecter les corps des deux dames à l'aide des phares de leurs véhicules. Ils prirent soin de les délier, de dégager leurs bouches et le plus pénible pour eux fut d'extraire les pommes de terre de leurs intimités. Ils auraient bien voulu que cet horrible exercice fût exécuté par d'autres femmes mais il n'y en avait pas parmi eux. Ils furent contraints, avec beaucoup de gêne, d'accomplir cette tâche espérant soulager les malheureuses qui respiraient encore.

A leur grande surprise, il n'y avait pas de Mme Jeanne Lumoo. Le lieutenant eut de la peine à le dire à son mari qui ne cessait de téléphoner. Ils se mirent à fouiller dans tous les champs sur un rayon de deux kilomètres, pas de trace humaine. Comme la nuit ne se prêtait pas à ce genre de recherche, le lieutenant décida qu'il fallait attendre le jour pour détecter la moindre trace humaine sur les herbes. L'angoisse monta à la Maison Furaha et partout dans le pays. On ramena les quatre victimes au Centre de Santé Kihanda en attendant de les acheminer à l'Hôpital de Kyondo. Les deux hommes y passèrent un mois dans le service des soins intensifs. Après, ils furent ramenés à Ngoma pour continuer les soins en ambulatoire. Tandis que les deux mamans durent y rester pendant plus de quatre mois. Elles avaient subi pour la deuxième fois chacune ce genre de viols et de traitements dégradants et humiliants.

EPILOGUE

Ensuite, Maman Kahindo regagna son domicile et les Sœurs la reprirent au travail au Centre de Santé Kihanda. Maman Muhongya retourna à Ngoma où elle prit la relève en attendant qu'on retrouve Mme Jeanne Lumoo. C'est depuis lors qu'on est resté sans nouvelles de cette dernière. Toutes les tentatives de recherche demeurèrent vaines. Des hélicoptères de la Mission des Nations Unies et de l'Armée sillonnèrent toute la région, mais sans succès.

Des commandos spéciaux furent largués dans les champs, la brousse et les montagnes des alentours mais aucun signe pouvant aider à localiser les ravisseurs et leur proie. Tous les territoires de la Province furent passés au peigne fin. D'autres équipes de patrouille furent déployées au Sud Kivu et dans la Province Orientale. Toutes ces tentatives se soldèrent par un échec. Les raisons de cet enlèvement restaient encore inconnues puisqu'on ne connaissait même pas la vraie identité des ravisseurs.

Mr Victor Massamba Nkosi, le mari de Mme Jeanne Lumoo Massamba, arriva sur les lieux dès le lendemain matin vers dix heures grâce à un petit avion de la compagnie aérienne TMK, affrété par la Banque. La voiture avait été gardée sur place pour raison d'enquête. Il retrouva entre autres objets appartenant à son épouse : la bague de mariage, des lunettes anti-soleil, le téléphone cellulaire, le téléphone satellitaire, le sac à main avec cinq billets de cent dollars, toutes ses pièces d'identité, le permis de conduire et un carnet dans lequel elle notait toutes ses rencontres.

Le matériel du caméraman était intact. Il vérifia tout de suite les caméras cachées de la voiture et constata qu'elles étaient encore en marche. Mme Lumoo les avait activées grâce à son téléphone portable dès qu'elle avait constaté la présence de ses ravisseurs sur la route. Mr Massamba se dit qu'avec le récit des rescapés et les enregistrements cachés, on devrait pouvoir trouver des éléments plus ou moins fiables sur l'identité de ces bandits qui venaient de lui arracher l'être qui lui était le plus cher au monde. En plus de cela, il y avait des empreintes digitales sur les portières des voitures et les corps des rescapés. Il était sûr que la Police de son pays exploiterait ces indices pour identifier les brigands et les rechercher par tous les moyens.

La cellule d'investigations de la Police Nationale s'empara de tout le matériel pour, soi-disant, le décortiquer. Au Quartier Général de la Capitale, aucun officier n'avait déjà touché du matériel de ce genre. Les empreintes digitales, comment les trouver ? Et d'ailleurs, même si on les trouvait comment les coller sur une identité quelconque car ce type de banque de données était encore un projet qui dormait paisiblement dans les tiroirs des décideurs.

La Banque où travaillait Mr Victor Massamba proposa de recourir à l'expertise de la Police Sud-Africaine. En attendant les résultats de ces analyses au Quartier Général de la *South African Police* à Pretoria, on ne savait toujours rien sur le sort de Mme Jeanne Lumoo.

Entretemps, la Marche Mondiale des Femmes contre les violences sexuelles approchait. Tout était fin prêt pour que les femmes du monde entier se mobilisent pour dire à la face du monde :

-   Trop c'est trop. Les femmes ont droit à la dignité et à l'intégrité corporelle. Elles ont droit à la protection de la société, vu leur vulnérabilité en cas de conflit armé.

Le Ministère de la Famille, Genre et Enfant se trouva dans un dilemme. Comment organiser cette grande rencontre avant de retrouver Mme Jeanne ? Il n'était plus possible de la reporter car certaines délégations étrangères se trouvaient déjà en route. Les violeurs et leurs patrons avaient réussi leur coup : prouver aux femmes que rien ne les découragerait à continuer à *détruire* le *gender*. La championne du combat contre les violences sexuelles était entre leurs mains. Quel paradoxe ! Pourtant toutes les organisations féminines du pays et du monde décidèrent de maintenir la Marche à Enkafu comme pour réaffirmer leur détermination d'aller jusqu'à l'extermination du dernier violeur.

Leur démarche était pacifique mais haute en signification. La Marche eut donc lieu sans Mme Jeanne Lumoo. La Maison Furaha y participa très activement. Maman Muhongya réussit à mobiliser toutes les femmes de la Province victimes des viols et des mutilations en partie pour montrer aux ravisseurs de Mme Lumoo que leur acte ignoble n'avait pas mis fin à leur combat. Et pourtant l'ombre de Mme Jeanne planait sur les manifestations.

Les femmes présentes à la marche continuèrent à se poser un tas de questions demeurées sans réponse.

-   Qu'ont-ils fait ou que font-ils avec Mme Lumoo ?
-   Pourquoi elle et pas les autres ?
-   Comment ont-ils su qu'elle se trouvait dans la région et que ce jour-là elle devait rencontrer les victimes de leur folie ?
-   Sur quelle planète se trouveraient-ils, elle et ses ravisseurs ?
-   Quand la trouvera-t-on et dans quelles conditions ?
-   Que faire ?

Toutes ces questions, les gens continuent à se les poser jusqu'à nos jours. Trouveront-elles un jour une réponse ? L'avenir nous le dira.

Personne n'ose s'imaginer le pire. Maman M... ne manquera pas de vous mettre au courant de l'évolution de cette saga comme elle vient de le faire maintenant, car c'est elle qui vient de vous raconter cette passionnante histoire de Mme Jeanne Lumoo Massamba, tout en requérant l'anonymat pour des raisons de sécurité. On ne sait jamais

POST-EPILOGUE

Un jour, Mr Victor Massamba Nkosi, le mari de Mme Jeanne Lumoo Massamba, reçut un appel téléphonique d'un correspondant inconnu. Il s'empressa de répondre :

-   Monsieur ! Monsieur ! Tu m'entends ?, hurla avec menace le correspondant inconnu.
-   Oui, parfaitement bien. Qui es-tu ? Mais qui es-tu ?
-   Monsieur, tu m'entends ? L …

La communication fut brusquement interrompue. Défaut de réseau ? Batterie déchargée ? Crédit épuisé ? …

POSTFACE

Lire « Ils m'ont violée. Une femme au Kivu »

Ils ont beau crier le nombre des victimes, 6, 7, 8 millions, personne ne le sait. Ils ont beau évoquer le calvaire des femmes, devenues à la fois enjeux et champs de cette guerre de basse intensité dans laquelle le Congo est plongé depuis près de 20 ans. Ils ont beau appeler au secours pour que cesse cette guerre de prédation, condensé extrême de la violence capitaliste coloniale en expansion infinie, de plus en plus vorace et éhonté, sans foi ni loi, ni retenue. Rien n'arrête le temps, rien n'arrête la mort, rien n'arrête la pieuvre à multiples bras pour qui la vie humaine ne vaut rien, surtout quand elle est lointaine et pigmentée.

Tirer de cette souffrance extrême, de ces atrocités inouïes, de ce spectacle macabre une œuvre littéraire n'est en soi ni un objectif, ni un prestige, ni un simple exercice esthétique encore moins un motif de fierté. L'auteur comme l'éditeur auraient certainement préféré commettre un essai philosophique sur l'universalité du bonheur ou sur les voies du progrès social. Ils auraient été heureux de disserter sur le beau, le bien est le vrai à venir. Non, ce livre-là ne verra pas le jour ! Ce livre-là n'a pas sa place dans cette société marquée par tant de violence. A celle-ci, l'auteur répond par la virulence des mots, dérisoires supports de la relation d'une histoire dont la violence ne rivalise pas avec celle des faits relatés. De cette histoire tragique clôturant et inaugurant l'un après l'autre deux siècles, on retient l'image d'un géant mis à genoux par un « petit » voisin, présenté comme vertueux par les Maîtres du monde dont on connait pourtant l'attachement aux vices. De temps en temps ils mettent les projecteurs sur l'héroïsme du pauvre. Il prend le visage d'un médecin si bon et dévoué à la couture de ces femmes, il les répare, comme on répare un vieil habit déchiré. Il prend aussi le visage d'une jeune fille que l'on sort de la rue. Applaudis par eux, reçus par leurs médias, ils sont supposés être du baume à nos cœurs meurtris, ils ne sont que du plâtre sur une jambe de bois.

C'est dans ce contexte que nous avons accompagné le livre du Frère Masumbuko. Espérant sincèrement que ceux qui sont si loin des territoires de l'est prennent la mesure de cette tragédie pour la première fois racontée par un fils du pays.

J'ai rencontré l'auteur il y a bientôt 25 ans au hasard de mon cheminement scolaire. Nous avons eu l'occasion de discuter souvent, passionnément, et d'échanger sur le passé, le présent et le futur de notre pays. Avec lui j'ai beaucoup appris. J'espère que le lecteur de ce roman intitulé « Ils m'ont violé. Une femme au Kivu » en apprendra un peu plus également. J'espère pour ce livre un succès franc, et pour toutes ces femmes la fin de calvaire qui n'a que trop duré.

Magloire Mpembi
Editions de l'Erablière

TABLE DES MATIERES

www.ingramcontent.com/pod-product-compliance
Lightning Source LLC
Chambersburg PA
CBHW070521260626
47161CB00004B/1609